Kindheit – aufs Spiel gesetzt

Gabriele Pohl

Kindheit – aufs Spiel gesetzt

Vom Wert des Spielens für die Entwicklung des Kindes

2., überarbeitete und ergänzte Auflage

dohrmannVerlag.berlin

Bildnachweis: Titel: Charlotte Fischer; Umschlag Rückseite, S. 29: Lena Elsaesser; S. 8, 46, 83: Marie Marcks, Heidelberg; S. 13, 55: Ursula Markus; S. 14, 36, 77, 81, 92: Charlotte Fischer; S. 24: Walter Pohl; S. 75, 106: Michael Mager; S. 63: Diogenes Verlag; S. 80, 99: Walter Seyffer; S. 98: Angelika Weimer; S. 44: Gabriele Pohl. Alle Rechte bei den angegebenen Künstlern. Der Verlag dankt für die freundliche Genehmigung zum Abdruck.

Dank auch an Karl-Heinz Kirchherr vom Pestalozzi-Fröbel-Haus Berlin für die wertvolle Beratung.

© 2008 für die 2., ergänzte und überarbeitete Auflage:
dohrmannVerlag.berlin
1. Auflage: 2006

ISBN 978-3-938620-05-2

Graphische Gestaltung und Layout: Aischa Dohrmann, info@aishaberlin.de
Druck: Druckerei Bode GmbH, 04808 Wurzen

dohrmannVerlag.berlin
für europäische und interkulturelle Pädagogik
Ringstr. 78
12205 Berlin
Tel.: +49 (0)30-8336441
Fax: +49 (0)30-80409890
info@dohrmann-verlag.de
www.dohrmann-verlag.de

Für Johanna, Jakob, Marie, Reja und Leah
und alle meine zukünftigen Enkelkinder

Die Mitgift, die unsere Kinder am besten auf die Unwägbarkeiten der Zukunft vorbereiten kann, ist eine erneuerte Achtung vor der Kindheit selbst. Solcherart gestärkt, können unsere Kinder zu starken, belastbaren und kreativen Menschen werden, die mit Kompetenz und Mut der unbekannten Zukunft ins Auge sehen.

Cordes/Miller

INHALT

Vorwort	11
Einleitung: Das Ende der Kindheit?	14
Kindheit in Not	18

Kind und Spiel

Die Aufgabe der Erziehung heute	24
Was braucht das Kind für seine Entwicklung?	28
Allgemeine Betrachtungen zum kindlichen Spiel	33
Wozu müssen Kinder überhaupt spielen?	39
Das Kind als Gestalter seiner Welt	45
Welterfahrung durch die Sinne	48
Zur Förderung von emotionaler Intelligenz	53
Die Heilkräfte des Spiels - ein therapeutischer Ansatz	59

Spielsachen

Spielzeug - Spiegel der Gesellschaft	65
Teddybär und Co.	68
Das Plüschtier als Tröster	70
Das Plüschtier als Spielgefährte	71
Die Puppe als Abbild des Menschen	73
Die Puppe zum Liebhaben	76
Die Puppe als Symbol des Erwachsenen	78
Die Barbie	78
Die Meister des Universums - Power Rangers und andere Superhelden	80
Die vollkommene Puppe	84

Das Kind und die Medien

Erfahrungen aus zweiter Hand	85
Der Computer	91

Das Kind als Sammler

Pokémon, Yu-Gi-Oh und Duel Masters	95
Die Schatzkiste unterm Bett und andere Notwendigkeiten	98

Das Kind als Arbeiter

„In echt" gegen Marke „spiel gut" und Unfertiges gegen Perfektionismus	100

Das Kind als Baumeister

Über Architekten, Statiker und Höhlenbewohner	102

Das Kind und die anderen

Draußen spielen	105
Regelspiele	116
Rollenspiele	121
„Ich wär´ der Wolf": Märchen und ihre Bedeutung für das Rollenspiel	124
Theater spielen	129

Was ist nötig?

Fantasie und Kreativität	133
Freies Spiel statt Wettbewerb	136
Mut zum Loslassen	138
Wie Eltern für eine entwicklungsfördernde Umgebung sorgen können	143
Welches Spielzeug braucht das Kind für eine gesunde Entwicklung?	147
Liste der wirklich notwendigen Spielsachen in den ersten sieben Jahren	149
... und danach?	152

Brief an die Großeltern   155

Exkurs: Die Suche nach Grenzerfahrung
Weshalb das Spiel dem Drogenmissbrauch entgegenwirkt   159

Schlussbetrachtung   161
Literaturverzeichnis   164

Das ist unser Weg: vom Bedürfnis zum Spiel, vom Materiellen zum Spirituellen, vom Tierischen zum Menschlichen, vom Sein zum Bewusstsein...

Max Frisch

Vorwort

Seit Jahrzehnten beschäftige ich mich mit Kindern, nehme teil an ihrem Spiel, als Mitspieler, als Betrachter. Ich habe Hunderte von Gelegenheiten gehabt, Kinder einzeln oder mit anderen Kindern in freien, spontanen Spielsituationen zu erleben, ebenso bei Regelspielen, beim Theaterspiel, in Rollenspielen und im Spiel angeregt durch die Umgebung draußen. Spiel hat sich nicht verändert, noch immer spielen Kinder in der gleichen Weise wie früher, sofern sie die Gelegenheit haben, der Anregungsfaktor hoch genug ist und die Kinder nicht krank sind.

Aber ich habe auch Kinder erlebt, die durch mangelnde Anregung ihrer kreativen Fähigkeiten bei gleichzeitigem exzessivem Medienkonsum so stark geschädigt waren, dass sie spielunfähig wurden. Ich erlebe auch zunehmend Kinder, die von einem Bewegungsüberschuss getrieben nur noch bis zur Erschöpfung toben können und danach wie in sich zusammenfallen. Ich kenne Kinder, die permanent auf Rädern unterwegs sind (im Kinderwagen, auf dem Dreirad, dem Fahrrad, dem Skateboard, auf Inlinern, nicht zu vergessen die vielen Autofahrten mit dem „Taxi Mama") und so kaum mehr Gelegenheit haben, gemächlich zu gehen und anzuhalten, um in Muße etwas betrachten zu können. Ich weiß von Kindern, die abgekapselt von ihrer Umgebung ohne Spielkameraden zu Hause sitzen und, wenn sie nicht gerade etwas für die Schule lernen, die wenige Zeit, die ihnen dann noch bleibt, fast ausschließlich mit Fernsehen und Computerspielen verbringen. Ich sehe immer weniger Kinder draußen ohne Erwachsene auf der Straße, in Parks oder Höfen spielen. Ich bemerke Kinder, die ihren Körper wie einen Sack Kartoffeln mit sich herumschleppen, einen Körper, der ihnen fremd ist, den sie nicht beherrschen, den sie nur vollstopfen. Kinder, denen Bewegung - das Urelement des Kindes - unangenehm ist, die weder hüpfen, noch balancieren, noch klettern können. Es gibt ebenfalls mehr und mehr Kinder, deren Fantasie abgetötet scheint, die dauernd quengelig und gelangweilt sind.

Sicher ist mein Blick auf die Kindheit geprägt durch meine therapeutische Arbeit mit sogenannten verhaltensauffälligen Kindern, ich bin mir wohl bewusst, dass vor allem Vernachlässigung, Traumatisierung und frühkindliche Entwicklungsstörungen verantwortlich sind für ihre Ängste, ihre Einseitigkeiten, ihre Defizite. Auch weiß ich, dass die meisten Kinder heute immer noch die Möglichkeit haben, gesund aufzuwachsen. Dennoch sehe ich auch im normalen Umfeld, dass Kindern heute viele für ihre gesamte Entwicklung nötige Erfahrungen fehlen, die oft nicht mehr zu kompensieren sind.

Das freie kindliche Spiel hat im Vergleich zu den letzten 20 Jahren kontinuierlich abgenommen, in den USA geht man nach den Aussagen der „Alliance for Childhood" von bereits 50% aus. Diese Entwicklung ist besorgniserregend.

Wenn Kindern kaum noch Raum für das freie Spiel gegeben wird, muss man um ihre gesunde Entwicklung fürchten. In den Orientierungs- und Bildungsplänen für Kindergärten und Tageseinrichtungen in Deutschland sind Förderprogramme für die verschiedensten Bereiche vorgesehen: Bewegungs- und Sprachförderung, spielerisches Üben an naturwissenschaftlichem Material, Erüben von Sozialkompetenzen usw. Spielen ist hier allenfalls Mittel zum Zweck. Meine Befürchtung - und die teile ich mit vielen Pädagogen – ist die, dass dem freien Spiel, entstanden aus der Eigeninitiative des Kindes, nicht mehr genügend Rechnung getragen wird, weil man es eher unter „Zeitvertreib" einordnet und es damit zum Lückenfüller degradiert, anstatt ein Augenmerk darauf zu richten, welche Chancen der Entwicklung und des Lernens für das Kind daraus erwachsen.

Ich habe eine große Anzahl Kinder ein Stück des Weges begleitet, sie in einzelnen Entwicklungsphasen unterstützt und erfahren, dass nicht das Reden, Ratschläge geben oder Disziplinieren dem Kind aus seinen jeweiligen entwicklungsbedingten Krisen – sei das Kind nun krank oder gesund – hilft, sondern allein das Spiel, das freie spontane Spiel ihm ermöglicht, die nötigen Entwicklungsschritte zu vollziehen, seinen Problemen Ausdruck zu verleihen und diese zu verarbeiten. Was es dazu vom Erwachsenen braucht, ist vor allem Raum, Freiraum, zeitlicher Raum, damit sich inniges Spiel überhaupt entfalten kann, Verständnis für die Wichtigkeit und Notwendigkeit des Spiels, liebevolles Interesse für das, was das Kind spielt und anregungsreiches Material.

Es braucht dazu aber auch den Mut des Erwachsenen, das Kind loslassen zu können, ihm Erfahrungsmöglichkeiten zuzugestehen, gewisse Risiken in Kauf zu nehmen, Verantwortung zu übernehmen, besonders da, wo sich das Kind die Welt erobern will durch Ausprobieren, Angst überwinden, Grenzen erleben.

Die Zukunft wird entscheidend davon abhängen, in welchem Maße wir den Kindern ermöglichen, zu kreativen, selbstbewussten, sozialkompetenten Erwachsenen zu werden. Zwar sind hier auch Kindergärten und Schulen aufgerufen, ihre Erziehungsziele zu hinterfragen, aber im Allgemeinen wollen Eltern die Erziehung ihrer Kinder nicht den Institutionen überlassen. Gerade die Familie ist dafür prädestiniert, grundlegende menschliche Fähigkeiten anzulegen und zu entwickeln. Pädagogen beklagen hier aber zunehmend Defizite. Die schwierige soziale Situation scheint heute oftmals zu verhindern, dass sich Eltern in ausreichendem Maße auf die Kinder einlassen. In dem Maße aber, in dem uns die Wichtigkeit unserer erzieherischen Aufgabe bewusst ist, werden wir auch in der Lage sein, Prioritäten zu verschieben zugunsten eines größeren „Zeitfensters" für die Kinder, nicht gemeint als vermehrte Aufsicht, sondern im Sinne einer aufmerksamen, liebevollen Begleitung ihrer Entwicklung.

In einer Zeit, in der – laut einem Interview im „Spiegel"(28/1997) mit den Phoniatern Manfred Heinemann und Theo Borbonus – die Mutter einer Durchschnittsfamilie gerade noch 12 Minuten täglich für ein Gespräch mit ihrem Kind aufwendet, erlangen Kinder keine ausreichende Sprachkompetenz (das kann auch kein Lernprogramm wettmachen). In Familien, in denen wenig gesprochen wird, in denen wenig gemeinsame Aktivitäten stattfinden, in denen man nicht zusammen arbeitet und nicht zusammen spielt, erüben Kinder auch keine Teamfähigkeit. Sie lernen nicht, mit Konflikten umzugehen und nicht, zu argumentieren. Sie lernen nicht, sich in den anderen einzufühlen und ihn zu achten.

Geben wir unseren Kindern den lebendigen Kontakt mit Erwachsenen und mit anderen Kindern zurück, geben wir ihnen Muße zum Spielen, so bereiten wir sie am besten auf eine Zukunft vor, die nicht unsere, aber die ihre sein wird und in der sie bestehen werden müssen.

© Marie Marcks

Und da bricht in seiner Mitte der hypnotische und lange Tag aus
In eine Flamme von Lächeln und Gesichtern,
unzählig sind die Augen, die Irisfarben, die ihn sprenkeln.
„Lasset die Kinder zu mir kommen"
In welchem Hort des Herzens, unzugänglich,
treibt dieser Schössling Blätter, Blüten-
jedoch nicht Blumen der Erinnerung, sondern der Verkündigung...
Und genau schau ich sie mir an, die Kinder Pekings, mandschurische, mongolische,
ihre Köpfchen in Kapuzen, gerötet die Backen, ich bewundere
das lebhafte Licht des Blicks aus jenen Samtoliven.
Die Quelle. Die Quelle sprudelt, kann sie anders?
Das Leben - es jubelt, ist unversehrt, ist immer Ursprung: und nicht einmal dies bleibt
dem Schmerz der Lebenden unbekannt. Glaubt aber nicht, dass ich es denke,
mit allen fünf Sinnen nehme ich es auf - als Rätsel oder Wunder.

Mario Luzi

Einleitung: Das Ende der Kindheit?

Müssen wir uns im Jahrhundert des Kindes damit arrangieren, dass die Kindheit als eigene, geschützte und schützenswerte Zeit zu Ende gehen wird? Was sind uns Kinder und Kindheit heute noch wert, außer dass wir Garanten brauchen, die unsere Rente sichern sollen? Sind Kinder noch erwünscht, passen sie noch in unsere Zeit, sind wir noch gewillt, an und mit unseren Kindern zu lernen, Zeit für sie aufzubringen und ihre ganz eigenen, kindlichen Bedürfnisse zu sehen, zu achten und ihnen Rechnung zu tragen?

Wie sieht Kindheit heute aus?

Einerseits sind Eltern heute sehr bemüht, das Bestmögliche für ihre Kinder zu tun. Sie bereiten sich meist gründlich auf ihre Elternschaft vor, lesen Erziehungsratgeber und sind daran interessiert, den besten Kindergarten und die am ehesten Erfolg versprechende Schule für sie zu finden. Die Väter sind mehr denn je bereit, die Pflege und Betreuung ihrer Kinder nicht nur ihren Frauen zu überlassen. Die Kindergärten versuchen die neuesten pädagogischen Erkenntnisse umzusetzen. Bereits im Kleinkindalter werden sie auf vielfache Weise gefördert, um ihren Wissensdurst zu befriedigen und sie intellektuell auf hohem Niveau einzuschulen. Noch nie wurde so viel Geld für Kinder ausgegeben wie heute. Alles soll ihnen ermöglicht werden.
Andererseits….
Bei der Jahrestagung der „Deutschen Liga für das Kind" in Heidelberg im November 2004 wurden von Kinder- und Jugendpsychiatern Entwicklungs- und Verhaltensauffälligkeiten bei jedem fünften Kind konstatiert.
Wir lesen täglich Berichte über die Zunahme emotional gestörter und sozial auffälliger

Kinder, über Gewalt unter Kindern, wir hören Expertenberichte über den besorgniserregenden körperlichen Zustand unserer Kinder. Übergewicht bei mehr als 20 % aller Kinder, Diabetes, Haltungsschäden, schlecht ausgeprägte Fein- und Grobmotorik (der Förderbedarf im Bereich der Bewegungsentwicklung bei der Einschulung wird auf 30 % beziffert), somatische Beschwerden wie Kopf- und Bauchweh, Schlafstörungen, Sprachentwicklungsstörungen, all das scheint im Zunehmen begriffen zu sein.

Kindheit hat ein anderes Gesicht bekommen. Erwachsene und Kinder gleichen sich vom Habitus einander immer mehr an. Schauen wir uns einmal um: Die Erwachsenen bleiben - äußerlich gesehen - immer länger jung und auch die Kinder haben sich in ihrer äußeren Erscheinung verändert und werden scheinbar immer schneller erwachsen. Die Kinder tragen die gleiche Art von Hosen, gehen in den gleichen Sportverein und - als neuer Trend - absolvieren das gleiche Wellness - Programm wie ihre Eltern. Kleine Mädchen werden wie Lolitas gekleidet und werden in der Werbung unmissverständlich als Sexualobjekte präsentiert. Der Versandhandel „Neckermann" zum Beispiel bot Stringtangas und Bustiers mit eingearbeitetem BH ab Größe 104 an, also für etwa 3jährige Mädchen, und verkaufte diese Produkte offenbar gut. Glücklicherweise gab es dann doch massive Proteste von Eltern und Organisationen zum Schutz vor sexuellem Missbrauch an Kindern, was den Handel gezwungen hat, diese Produkte wieder vom Markt zu nehmen. Amerika und Japan sind uns da aber immer noch um einiges voraus: In den USA werden neuerdings Baby-Toupets angeboten, z. B. als Rastaschopf wie Bob Marley oder auch im Afro-Look, pink-blond ist auch sehr beliebt. Mutter-Kind-Discos für Eltern und Kinder zwischen 6 Monaten und 7 Jahren haben sich in den USA bereits in 25 Städten etabliert. Der erste Schönheitssalon für Drei- bis Achtjährige in Beverly Hills soll nur Vorreiter sein, demnächst werden weitere nicht nur in den USA, sondern angeblich auch in England eröffnet. Man lässt den Kleinen dort die Haare auf Armen und Beinen entfernen, sie bekommen Gurkenscheiben auf die Augen gelegt, und danach – je nach Wunsch – ein Styling wie Paris Hilton oder Britney Spears verpasst. Dafür gibt es in Japan die MTV-Show: Pimp your baby. Die Allerkleinsten werden dafür in teure Designerklamotten gestopft, mit Diamantklunkern um das Hälschen und Gucci-Sonnenbrillen auf dem Näschen.

Kleine Jungs werden nicht nur in den USA, sondern auch in Europa ab 4 Jahren für Sportlerkarrieren trainiert. Statt des kindlich Runden, Offenen, das uns beim Betrachten von Fotografien noch aus den 50er Jahren deutlich entgegenkommt, sehen wir heute bei Kindern eher ernste, erwachsen wirkende Gesichter.

Einerseits verschwinden spielende Kinder von den Straßen und Plätzen unserer Städte, diese pädagogikfreie Zone (raus aus dem Blick- und Kontrollfeld der Eltern) ist in den letzten 20 Jahren fast vollständig aufgegeben worden, allenfalls die Spielplätze sind noch belebt von kleinen Kindern und deren Müttern. Andererseits hat sich durch die Kinder ein blühender Wirtschaftszweig entwickelt: die Spielwarenindustrie. Milliarden Euro werden jährlich für Spielzeug ausgegeben.
Haben wir das Wohl unserer Kinder nicht mehr denn je im Auge?

Nun, es ist noch nicht so lange her, da gab es Kindheit überhaupt nicht. War Kindheit ein paar Jahrhunderte lang so etwas wie eine Mode, auf die wir in unserem aufgeklärten Zeitalter durchaus wieder verzichten können oder richten wir einen unübersehbaren Schaden an, wenn wir die Erkenntnisse und Erfahrungen, die wir an und mit Kindern gemacht haben, missachten?

Was bedeutete es früher, ein Kind zu sein?

Aristoteles hat die Seele der Kinder mit der von Tieren verglichen und Pascal war der Ansicht, das menschliche Leben beginne erst mit der Verstandesentwicklung, nach dem 21. Lebensjahr, also erst dann, wenn der Mensch erwachsen ist.

Kindheit war eine Erfindung der Renaissance. Im Mittelalter hörte Kindheit auf, sobald das Kind im Stande war, sich alleine fortzubewegen und verständlich zu machen. Dann war es in die Erwachsenenwelt integriert, trug dieselbe Kleidung, hatte dieselbe Arbeit zu tun, spielte dieselben Spiele und hatte keinen von den Erwachsenen abgegrenzten Lebensbereich. Besonderheiten des kindlichen Erlebens wurden nicht gesehen.

Die kleine Einheit „Familie" entwickelte sich erst im 15. und 16. Jahrhundert aus den Sippenverbänden heraus. Im Grunde ist etwas, was man pädagogisches Handeln innerhalb der Familie nennen könnte, erst seit dem 17. Jahrhundert vorhanden. Die Familie wird zur moralischen Anstalt. Vorher gab es nicht einmal so etwas wie eine pädagogische Idee.
Im 18. Jahrhundert hielten die Menschen – außer revolutionären Pädagogen wie Jean Jacques Rousseau, Fröbel und Pestalozzi – Kinder für unfertige kleine Erwachsene.
Ende des 18.Jahrhunderts setzte sich der Gedanke durch, dass das Kind ein sich entwickelndes Wesen ist und rief ein Bedürfnis nach einer "Entwicklungspsychologie" – wie wir heute sagen würden – hervor (mehr dazu in: Ariès, Geschichte der Kindheit).

Heute, im 21. Jahrhundert, beginnt sich – wider besseres Wissen der Entwicklungspsychologie und der Pädagogik – Kindheit wieder aufzulösen. Allerdings ist die zunehmende Angleichung von Kindheit und Erwachsenenalter von heute nicht zu vergleichen mit der Situation im Mittelalter, denn auch das Erwachsenenleben hat sich gravierend verändert. Im Mittelalter waren die Menschen noch viel kindlicher als heute. Spielen beispielsweise gehörte damals auch für den Erwachsenen selbstverständlich zum Leben. Insofern ist die beschriebene Entwicklung für die Kinder heute noch einschneidender. Kann das bedeuten, dass die sprudelnde Quelle, die Luzi in seinem Gedicht als Metapher für Kindheit benutzt, bereits an seinem Ursprung gefasst, ja kanalisiert wird?
Warum das nicht sein darf und wie wir das verhindert können, soll in dieser Arbeit untersucht werden. Über die hier aufgeworfenen Fragen nachzudenken, sollen alle angeregt werden, die sich um die Erziehung von Kindern bemühen, das sind in allererster Linie die Eltern und das mit erziehende Umfeld: Großeltern, Freunde und Verwandte. Aber auch Erzieher und Erzieherinnen, Lehrer und Lehrerinnen, die sich

heute mehr denn je rechtfertigen müssen, wenn sie freies Spiel bei den Kindern zulassen oder gar fördern und unterstützen, brauchen gelegentlich Argumentationshilfen. Ich beziehe mich bei meinen Überlegungen auf Kinder bis etwa 12 Jahren, also auf einen Zeitraum, der nicht mehr der Kinderzeit von vor 50 Jahren entspricht, weil sich die reduzierte Kinderzeit bereits körperlich bemerkbar macht. Die Pubertät hat sich seither durchschnittlich um 2 Jahre nach vorne verlagert. Dass es auch noch 13-und 14-Jährige gibt, die sich das kindliche Spiel bewahrt haben, darf uns nicht darüber hinwegtäuschen, dass die Kindheit für viele Kinder heute wesentlich früher vorbei ist.

Die frühere Kindheit bis zum Schulanfang findet bei dieser Arbeit stärker Berücksichtigung, weil sich das Spiel, je älter die Kinder werden, umso deutlicher individualisiert und allgemeine Gesetzmäßigkeiten im Spielverhalten sich eher im Kindergartenalter finden.

Es ist nicht vorstellbar, dass unsere Kultur vergisst, dass sie Kinder braucht. Aber dass Kinder eine Kindheit brauchen, hat sie schon halbwegs vergessen. Jene, die sich weigern, zu vergessen, leisten einen kostbaren Dienst.

Neil Postman

Indem ihm die Welt geheimnisvoll wurde, öffnete sie sich und konnte zurückerobert werden.

Peter Handke, Vorgetäuschtes Leben

Kindheit in Not

Die Kindheit ist in Gefahr zu verkümmern, Kinder werden zunehmend in einer bestimmten Weise in erwachsene Lebensbereiche hineingezogen. Oft bleibt kein wirklicher eigener Raum mehr für Kindheit mit eigenen Gesetzmäßigkeiten, stattdessen: Disco für Kindergartenkinder, intellektuelle Lernprogramme für Kleinkinder, verplante Zeit schon im Krabbelalter. Andererseits werden Kinder immer weniger in die Arbeitswelt der Erwachsenen integriert, sie erleben wenig Erwachsene in ihrer Tätigkeit. Der Vater und die Mutter sind zwar „auf Arbeit", aber nicht mehr viele Kinder haben eine Vorstellung davon, was diese dort machen. Wenn sie Erwachsene nur noch in der Freizeit erleben können, fehlt ihnen ein großer Teil dessen, was sie an sinnvoller Lebensgestaltung erleben sollten.

Andererseits haben sie mehr Einblick in einen Teil des Erwachsenenlebens als früher. Kinder werden über die Medien mit allem konfrontiert, was Erwachsene tun, noch

Nichts ist für die kindliche Entwicklung so wichtig wie der lebendige Kontakt zu anderen Kindern

dazu in verzerrter Weise, vorrangige Themen - neben allen Formen von Trivialitäten - sind Gewalt und Sexualität. Die Welt schrumpft im Fernsehen zur Soap Opera. Die Konfrontation mit dem Weltgeschehen durch das Fernsehen, mit Krieg und Gräuel, tut das Ihrige, die Kinder zu verwirren und Besorgnis bei ihnen auszulösen.

Daneben dringen die Erwachsenen immer weiter in das Kinderleben vor. Kinder sind seltener unter sich, fast immer sind Erwachsene anwesend, seien es Erzieher, Lehrer, Freizeitpädagogen, Trainer oder Eltern. Selbst Kinder, die bereits in die Schule gehen, verbringen kaum einen Nachmittag, ohne dass die Eltern wissen, was sie in dieser Zeit tun. Jedenfalls trifft das für die Kinder zu, die der sogenannten Mittelschicht angehören. Selbstverständlich gibt es auch das andere Extrem, nämlich die Kinder, die sich Nachmittage lang zu Hause selbst überlassen bleiben bei unkontrolliertem Medienkonsum.

Von Kindern wird frühe Wissensaneignung gefordert. Insbesondere in den letzten Jahren ist die Angst groß, Kinder könnten in dieser Hinsicht etwas versäumen.

Das Ergebnis der Pisa-Studie hat Pädagogen und Eltern aufgerüttelt. Ist allerdings die Konsequenz, die daraus gezogen wird, die, nach einer noch früheren einseitigen Intellektualisierung zu verlangen, die Kinder schon mit fünf Jahren einzuschulen und Computer bereits in den Kindergärten zu installieren, so erliegen wir einem verheerenden Trugschluss. Im Moment wird gerade die Einführung von Lernprogrammen in Kindergärten diskutiert, die einen Umfang von 16 Wochenstunden haben sollen. In den französischen Vorschulen, den écoles maternelles, werden 99% aller französischen Kinder ab 3 Jahren in einem Umfang von 26 Stunden pro Woche in französischer Sprache, Literatur, Rechnen und Sport unterrichtet. Eigeninitiative der Kinder ist nicht gefragt, Spiel wird ersetzt durch „sinnvolle Beschäftigung". Untersuchungen in Deutschland, beispielsweise der „Modellversuch Vorklasse" in Nordrhein-Westfalen von 1977, veranlasst vom Kultusminister des Landes, haben allerdings ergeben, dass die klassischen Kindergärten in Bezug auf die Entwicklungsfortschritte der Kinder den Frühfördereinrichtungen überlegen sind. Obwohl es ebenfalls Untersuchungen[1] gibt, die belegen, dass ein Schulbeginn vor dem 6. Lebensjahr keine Vorteile für die sprachlichen und mathematischen Fähigkeiten der Kinder bringt, wird auch in Deutschland ein früheres Einschulungsalter propagiert.

Die Tendenz, den Intellekt zu früh und zu einseitig anzusprechen, ist fatal. „Je früher" ist eben nicht „desto besser", auch wenn tüchtige Geschäftsleute, die Vorschulen nach amerikanischem Vorbild ins Leben rufen, uns ebendies verkaufen wollen. Dort wird nach dem Slogan „ein Leben lang für Vorsprung sorgen" den Eltern ein Lernprogramm verkauft, das ihren Vierjährigen nicht nur Mathematik, Literatur, Astronomie, Biologie, sondern auch Rhetorik und Ökonomie beibringen will. Early English lernen schon 23.000 deutsche Babys ab drei Monaten in entsprechenden Sprachschulen. Diese Kurse

---

[1] House of Commons: Education Select Committee Report. First Report: Early Years. London 2000

sind schon lange im Voraus ausgebucht. Wenn man dabei noch die Lehrmethode in Betracht zieht, erscheint einem der Frühförderwahn besonders abstrus. Den Kleinen werden dabei jeweils drei Sekunden lang bunte Bildchen vors Gesicht gehalten und die englische Bedeutung dafür genannt. Der Lern- und Gedächtnisforscher Henning Scheich nennt die Methode daher zu recht absurd. „'Learning by doing' ist für kleine Kinder von größter Bedeutung. Sie brauchen dafür viel Zeit und das direkte Tun. Mit einer solchen Reizüberflutung sind Kinder völlig überfordert."

Förderung von Kindern kann, vor allem im Kindergarten, keine intellektuelle Förderung im eigentlichen Sinne sein. Es kommt auf die Förderung von Basiskompetenzen an, auf denen dann die intellektuelle Bildung erst aufbauen kann. Kinder müssen sich erst eine körperliche, emotionale, soziale und geistige Grundausstattung aneignen, um gerüstet zu sein für die Anforderungen, die an sie in der Schule gestellt werden. Und wenn wir nicht nur den denkenden Menschen im Blick haben, sondern auch den Menschen, der sozial kompetent, eigenverantwortlich und mitfühlend handeln soll, reicht eine intellektuell anregende Umgebung für den sich zu entwickelnden Menschen nicht aus.

Heinz-Peter Meidinger, Vorsitzender des Deutschen Philologenverbandes, kritisiert die neuen Pläne der Früheinschulung und verwahrt sich dagegen, „Kinder künftig gleichsam auf dem schulischen Fließband durch den Bildungsprozess zu jagen". Es beweise ein erschreckendes Maß an Unkenntnis der kindlichen Psyche und Entwicklung.

Erfahrene Pädagogen aus der Waldorfschulbewegung, die den ganzen Menschen bei ihrer Erziehung im Blick haben, fordern die Entwicklung kindlicher Kompetenzen in vielfacher Hinsicht. Laut Peter Lang, Dozent am Waldorfseminar in Stuttgart, sollen Kinder zum Beispiel durch eine vielseitige handwerklich-künstlerische Betätigung, durch freies Spiel, durch die Nachahmung des Erwachsenen bei seinem sinnvollen Tun und durch eine kindgemäße Umgebung Kompetenzen auf unterschiedlichen Gebieten erlangen: in Bezug auf ihren Körper und dessen Bewegung, der Wahrnehmung und dem Gebrauch der Sinne ebenso wie in der Sprachfähigkeit. Phantasie und Kreativität sollen dadurch entwickelt werden, die Motivation und Konzentration sollen gefördert und ethisch-moralische Werte vermittelt werden.

Eigentlich ist es bedauerlich, dass die „Kindergärtnerin" ersetzt wurde durch die „Erzieherin". Mit dem Garten, in dem man den jungen Pflänzchen zum Wachsen verhilft, wird viel schöner ausgedrückt, was in diesem umfassenden Sinne mit frühkindlicher Erziehung gemeint sein könnte: eine behutsame, nicht-direktive Begleitung, ein Abschirmen vor negativen Einflüssen, Aufmerksamkeit und Unterstützung, Geduld und Fürsorge, damit das Kind wachsen und reifen kann. Er-*ziehe* ich, weiß ich schon, wohin ich ziehen will, möglicherweise ungeachtet dessen, was das Kind als Individualität gerade braucht und wohin es sich entfalten will. Einen Garten assoziiert man mit Draußen-sein, mit Fri-

---

[2] Quelle: Die Zeit Nr. 37 vom 6. September 2007, S.73

Beim hingebungsvollen Tun bilden Kinder nicht nur ihre kreativen Fähigkeiten aus, sondern schulen auch Ausdauer und Konzentration

sche, Bewegung und vielfältigen Sinneseindrücken, mit Fröhlichkeit und ungeheuren Erfahrungsmöglichkeiten, mit Tätigsein und einer Gärtnerin, die ihren Garten liebt. Deshalb bleibt zu hoffen, dass die Erzieher und Erzieherinnen immer noch Kindergärtner und Kindergärtnerinnen bleiben.

Dass die Erziehung eines Kindes mehr erfordert als die Vermittlung intellektuellen Wissens gilt zwar insbesondere, aber nicht nur für die ersten sieben Jahre.

Wenn künftige gesellschaftspolitisch notwendige Ganztagsschulen nichts anderes bedeuten als die Ausdehnung des Unterrichts zugunsten vorwiegend intellektueller Fächer werden die Kinder nicht die Kompetenzen erlangen, die zukünftig gebraucht werden. Die Wirtschaft hat das längst erkannt und fordert kulturelle Kompetenz für zukünftige Führungskräfte und vergibt Stipendien an Studenten in Form von Künstlerkontakten und Möglichkeiten des eigenen künstlerischen Tuns, um Zugang zu kreativen Problemlösungen zu vermitteln. Die Stipendiaten lernen, mit Hilfe von künstlerischen Prozessen eigene Wege zu beschreiten und Kompetenzen für erfolgreiches unternehmerisches Handeln zu entwickeln.

Die Bedeutung der Kreativität für unternehmerische Prozesse liegt auf der Hand. Wissen speichern kann der Computer, darauf kommt es heutzutage nicht mehr im Wesentlichen an, aber eigene kreative Ideen zu haben, das kann uns keine Maschine abnehmen.

Interessanterweise werden diese Thesen ausgerechnet von der amerikanischen Luft- und Raumfahrtindustrie unterstützt. Sie klagt über Nachwuchsprobleme, die nicht durch mangelndes Interesse an dieser Tätigkeit entstehen, sondern durch geistige Inkompetenz der Bewerber. Was in dieser Berufssparte aber in allererster Linie gebraucht wird, sind Fähigkeiten wie Kreativität, eigenständiges, kritisches Denken und flexible Vorstellungskraft.

Die Fähigkeiten dazu werden aber bereits in der frühen Kindheit veranlagt. Wenn Kinder keine Eigeninitiative und -aktivität nötig haben, weil sie ihnen durch ein Überangebot an Dingen, die sie zu passiven Konsumenten machen, insbesondere durch das Fernsehen, abgenommen wird, wie sollen sie dann eine solche entwickeln? Der Bonner Kinderneurologe Hans Schlack fordert deshalb eine „Kultur der Anregung der Kinder in der Familie".

Neil Postman macht sich schon seit 20 Jahren dafür stark, dass sich die Eltern dem Zeitgeist widersetzen mögen und den eigentlichen kindlichen Bedürfnissen Rechnung tragen, „damit verhelfen sie ihren Kindern nicht nur zu einer wirklichen Kindheit, sie schaffen gleichzeitig auch eine Art von intellektueller Elite".[3] Dass er damit Recht hat, zeigt die allerneueste Pisa-Studie 2005, sie hat deutlich gezeigt, dass unterprivilegierte Kinder bei gleicher geistiger Kapazität durchschnittlich wesentlich schlechtere Schulabschlüsse machen als Akademikerkinder. Akademikerfamilien setzen viel weniger darauf, ihren Kindern über die Medien Lernen zu ermöglichen (Fernsehen beispielsweise wird dort zunehmend als zu anspruchslos abgelehnt), dagegen wird dem Gespräch und kreativen Tätigkeiten ein höherer Stellenwert eingeräumt.[4]

Auch im Sinne der Salutogenese, einer neuen Forschungsrichtung, die nach der Herkunft von leiblicher, seelischer und geistiger Gesundheit fragt (also nicht wie die Pathogenese nach der Entstehung von Krankheit) und darüber forscht, wie sie erhalten werden kann, muss darüber nachgedacht werden, wie dazu beigetragen werden kann, dass sich ein Kind gesund und seinen Fähigkeiten und Möglichkeiten gemäß entwickeln kann.

Dabei spielt es eine wesentliche Rolle, dass das Kind den Spielraum zur Verfügung hat, in dem es seine Fähigkeiten entdecken kann. Spielraum nicht gemeint im Sinne eines „laissez-faire", sondern in einer klugen und gleichzeitig behutsamen Begleitung durch den Erwachsenen.

---

[3] Neil Postman, Das Verschwinden der Kindheit, S. 171
[4] Ich bin mir wohl bewusst, dass auch Lehrer nicht frei von Vorurteilen sind und Akademikerkindern primär bessere Leistungen zutrauen als Unterschichtkindern. Ebenso weiß ich, dass die Notengebung keine objektive Aussagekraft hat. Doch das ist hier nicht mein Thema, ich beziehe mich bei diesen Betrachtungen nur auf den Einfluss des Elternhauses.

Janusz Korzcak, Arzt, Pädagoge, Schriftsteller und Waisenhausleiter, hat schon zu Beginn des vorigen Jahrhunderts für Kinder das Recht gefordert, ihren eigenen Weg gehen zu können, anstatt sich nach gängigen Vorstellungen zu entwickeln. Die Zauberworte für den Erzieher müssten daher in seinem Sinne heißen: hinschauen, zuhören, beobachten, nachdenken, und die Folgen daraus müssten heißen: unterstützen, anregen, Hilfestellung geben.

Das entspricht auch dem pädagogischen Leitthema Maria Montessoris: „Hilf mir, es selbst zu tun". Viele pädagogische Konzepte, die heute wieder oder neu diskutiert werden, lassen sich hier zuordnen, genannt sei hier, stellvertretend für andere, Rebecca Wild, die in den 60er Jahren in Ecuador ein alternatives Kindergarten-, Schul- und Fortbildungszentrum gegründet hat. Wesentliche Grundlage ihrer Idee ist die „vorbereitete Umgebung", die den Kindern erlaubt, von „innen geleitet" und im Austausch mit der nächsten Umgebung Lern- und Wachstumsprozesse zu vollziehen, die ihrer wahren Natur entsprechen.

Sind in diesen Sichtweisen möglicherweise schon Antworten auf die Fragen zu finden, die sich uns heute in großer Brisanz stellen: Wie muss ein kindgemäßes Umfeld aussehen, was braucht das Kind für seine gesunde Entwicklung, welche Bedingungen verunmöglichen oder erschweren sie? Wir werden das im Weiteren untersuchen. Als übergeordnete These gilt jedenfalls:

Kinder haben ein Recht auf Kindheit als Grundlage für die Entwicklung des ganzen Menschen in seinem Denken, Handeln, Fühlen und Wollen.

Dadurch, dass wir uns ein umfassendes Bild von der Kindheit machen, schaffen wir uns Grundlagen, die wirklichen Bedürfnisse der Kinder zu erkennen, so können wir Hilfestellung bekommen bei der Auswahl dessen, was wir den Kindern an Material und Situationen anbieten wollen, um sie in leiblicher, seelischer und geistiger Hinsicht zu fördern und gesund zu erhalten.

Dabei ist es wichtig, sich ein Urteil über das Bestehende zu bilden, kritisch zu bewerten, wo wirtschaftliche Interessen den eigentlichen Interessen der Kinder entgegenstehen, Spielzeug als pädagogisch sinnvoll oder unsinnig zu analysieren und die Frage nach Werten und Fertigkeiten, die wir als Erziehende vermitteln wollen, nicht aus den Augen zu verlieren.

Es ist ferne von uns, aus euch Menschen zu machen, wie wir sind. Es ist ferne von uns, aus euch Menschen zu machen, wie die Mehrheit unserer Zeitmenschen ist.
Ihr sollt an unserer Hand werden, wie eure Natur will, wie das Göttliche, das Heilige, das in eurer Natur ist, will, dass ihr Menschen werdet.

Johann Heinrich Pestalozzi

Kind und Spiel

Die Aufgabe der Erziehung heute

Glücklicherweise haben heute die wenigsten Eltern das Bedürfnis, Kinder zu Abbildern ihrer selbst machen zu wollen. Während noch vor 50 Jahren Kinder oft den gleichen Vornamen wie Vater oder Mutter erhielten und viele Eltern davon ausgingen, dass zumindest eines der Kinder den elterlichen Betrieb übernehmen oder in anderer Form in die Fußstapfen der Eltern treten würde, sind Eltern heute mehr denn je bereit zu akzeptieren, dass ihre Kinder sich von ihnen fortentwickeln. Sie wollen, dass sich ihre Kinder frei entfalten können und wollen ihnen alles bieten, was ihrer Entwicklung förderlich ist.

Auch wenn man davon ausgehen kann, dass Eltern im Prinzip immer nur „das Beste" für ihr Kind wollen, ist die Unsicherheit darüber, was das Beste denn nun sei und wie es zu erreichen wäre, groß. Oft fehlt eine Idee von Erziehung überhaupt, beziehungsweise, die Frage nach übergeordneten Ideen oder Idealen wird nicht oder nur ungenügend gestellt.

Eltern wollen Erziehungsfehler ihrer eigenen Eltern vermeiden, nichts wird einfach nur so übernommen, sie sind sehr selbstkritisch, aber auch verunsichert. Sie konsumieren Erziehungsratgeber in großer Zahl und werden durch widersprüchliche Sichtweisen noch mehr verunsichert. Das Resultat ist häufig eine Erzieherhaltung, die versucht, sich aus Erziehung möglichst herauszuhalten, entweder, indem man Kindern fast alles gestattet und so den Weg des geringsten Widerstandes geht, oder indem man dem Kind Freund und Kumpel sein will.

Damit sind Kinder aber überfordert und allein gelassen.

Eltern merken, dass Kinder heute einer weitaus individuelleren Betrachtung und Förderung bedürfen als früher. Deshalb sind alle wohlmeinenden Ratgeber nur bedingt hilfreich. Solange man nicht einen Blick für das einzelne Kind bekommt, für dessen Ureigenstes, für dessen ganz speziellen Fähigkeiten und Schwächen und danach handelt, wird man ihm nicht gerecht.

Insofern hat Erziehung heute mehr damit zu tun, den Kindern Raum zu geben für ihre Entfaltung (in dem Sinne, wie es Pestalozzi schon vor mehr als 200 Jahren formuliert hat), ihnen Orientierung zu geben und Vorbild zu sein, als ein verhaltenstherapeutisches Programm zu übernehmen, das die Kinder zu angepassten, gut funktionierenden Mitgliedern der Gesellschaft macht. Das heißt nicht, dass Kinder nicht auch klar abgesteckte Grenzen brauchen, die ihnen Sicherheit geben. Sie brauchen darüber hinaus einen klar strukturierten Alltag, Rhythmus und Rituale. Mit dem dänischen Familientherapeuten Jesper Juul[5] stimme ich überein, dass zudem eine Grundhaltung der „Gleichwürdigkeit" von Kindern und Eltern Basis des Zusammenlebens sein muss, bei dem jedes Familienmitglied gleichermaßen Anspruch hat auf Respekt und Rücksichtnahme und auf seine jeweiligen Bedürfnisse.

Kinder haben - mit unserer Hilfe - den schwierigen Balanceakt zu meistern, einerseits zu sozialen Wesen und andererseits zu individuellen Wesen zu werden.

Wir haben als Erzieher für die leibliche, seelische und geistige Gesundheit der Kinder Sorge zu tragen. Sie sollen sich zu selbständigen und selbstbestimmten Menschen entwickeln können, die sich eigene Ziele zu setzen vermögen, die die in ihnen liegenden Möglichkeiten und Fähigkeiten entdecken und erweitern können, die Entdeckerfreude und Weltinteresse entwickeln und zu schöpferischem Handeln fähig sind. Denn sie sind es, die Zukunft gestalten werden. Wir wissen nicht, wie die Zukunft aussehen wird, deshalb ist das, was wir an Faktenwissen vermitteln können zweitrangig gegenüber der Fähigkeit, eigenständig denken zu lernen und für Probleme kreative Lösungsmöglichkeiten zu finden.

Wie wir aus der Hirnforschung wissen, sind die synaptischen Verbindungen der Nervenzellen untereinander, dort wo es um Aufmerksamkeit, Planen und das Selbstbild geht, zwischen dem 3. und dem 6. Lebensjahr am vielfältigsten und entwicklungsfähigsten. Die Verbindungen, die nicht gebraucht werden, werden wieder aufgelöst, wenn sie nicht angeregt und benützt werden. Die Möglichkeit, neue Synapsen zu bilden und zu verknüpfen, ist in der Kindheit und Jugend am größten. Deshalb braucht das Kind viele unterschiedliche Anregungen durch wiederkehrende Tätigkeiten, die es nachahmen kann, zur Stabilisierung der Synapsenverbindungen und Ausreifung der Gehirnstrukturen. Wohlgemerkt: „Tätigkeit", also das eigene Tun ist hier das Schlüsselwort, nicht „hören" oder „sehen".

Zur Frage der Nachahmung äußert sich ergänzend dazu Daniel Goleman, der durch seinen Blick auf die emotionale Intelligenz des Menschen bekannt gewordene Autor, in seinem neuesten Buch „Soziale Intelligenz" wie folgt: „Es gibt eine Vielzahl von

---

[5] Jesper Juul, Das kompetente Kind, 2003

Systemen mit Spiegelneuronen im Gehirn, nicht nur für die Imitation von Bewegungen, sondern auch für das Erfassen von Absichten, für die Interpretation des sozialen Sinns von Handlungen und für das Entziffern von Gefühlen."[6] Er zitiert in diesem Zusammenhang auch den amerikanischen Psychologen Daniel Stern, der die Meinung vertritt, dass die für die Nachahmung zuständigen Neuronen immer dann im Spiel seien, wenn wir den inneren Zustand einer anderen Person erfassen oder ihre Gefühle nachempfinden.

Vielleicht gibt diese Aussage auch einen Hinweis darauf, weshalb Pädagogen bemerken, dass Kinder zunehmend weniger in der Lage sind, Erwachsene nachzuahmen: In dem Maße, in dem sich der Erwachsene nicht mehr ganz mit seinem Tun verbindet, z. B. weil er gedanklich bei anderen Dingen ist, oder gar verschiedene Dinge gleichzeitig tut, müsste – denkt man die Aussage Daniel Sterns weiter – Verwirrung bei dem beobachtenden Kind entstehen und es würde damit an der Nachahmung gehindert. Ein anderes Hindernis für die Nachahmung ist die für das Kind undurchschaubare Tätigkeit, beispielsweise durch den Gebrauch technischer Geräte, an sich.

Kinder lernen immer bei all ihrem Tun.

„Lernen ist im Vorschulalter kein zentraler, sondern ein peripherer Prozess. Das Kind lernt nicht in der Distanz seiner selbst zu den Ereignissen, sondern in der Eingebundenheit in diese"[7], so der Dortmunder Diplompädagoge Wolfgang Saßmannshausen. Nur mit Hilfe der sinnlichen Wahrnehmung erlebt das Kind den Sinn, der den Erscheinungen innewohnt.

Hat das Kind im Vorschulalter ausreichend Gelegenheit, mit all seinen Sinnen Erfahrungen zu machen, nach dem Motto: „Probieren geht über studieren", ist es in der Lage, als Schulkind das, was es in den ersten Lebensjahren im Spiel erprobt und erfahren hat, als Gesetzmäßigkeit zu erkennen.

Pädagogische Frühförderung findet gerade da nicht in adäquater Weise statt, wo intellektuelles Wissen im Vordergrund steht. In der Folge der erschreckenden Ergebnisse der Pisa-Studie wird gerade dieser Schluss aber gezogen.

„Spiel-Safari im Zahlenland", so lautet ein Artikel in einer Tageszeitung. Er beschreibt, wie in einem studentischen Kindergarten der akademische Nachwuchs gefördert wird mit Lernspielen „in der aufregenden Welt der Zahlen, wo es darum geht, dem fiesen Fehlerteufel ein Schnippchen zu schlagen". Der Kindergarten kann sich vor Anmeldungen kaum retten, weil sich die Eltern einen Vorsprung ihrer Kinder vor ihren späteren Mitschülern erhoffen.

---

[6] Daniel Goleman, Soziale Intelligenz, S. 69
[7] Wolfgang Saßmannshausen in: Fängt der frühe Vogel den Wurm? Waldorf, Forum der Freien Waldorfschulen in Baden-Württemberg, Nr.19, 2007, S. 6

Wenn Sie das Buch bis hierher gelesen haben und nicht nach 10 Seiten als Spinnerei abgetan haben, werden Sie mir übereinstimmen, dass das nicht das Erziehungsziel beschreibt, das wir unserer Pädagogik als allein seligmachendes voranstellen sollten.

Selbstwirksamkeitserfahrungen („ich kann das") über das freie Spielen und Gestalten, die Freude am Tun und am Gelingen schafft eine lebenslange Motivation, Dinge auszuprobieren, Mut zu Neuem zu entwickeln und konzentriert bei der Sache zu bleiben. Wenn Kinder immer wieder eigene Lösungsmöglichkeiten für die selbst gestellten Aufgaben entwickeln konnten, entwickeln sie Handlungskompetenz auch für Aufgaben, die sich in der Zukunft stellen werden. Erleben die Kinder vor allem in der frühen Kindheit dabei Erwachsene, die ihr Spiel mit Interesse begleiten, die die Wichtigkeit der kindlichen Aktivität sehen, die die Kinder ermuntern und anregen, so erlebt das Kind Freude und Bestätigung. Oder wie es der Pädagoge Karl Gebauer ausdrückt: „Kinder brauchen Erfolg durch Urheberschaft und Resonanz".[8]

Dadurch können sich kognitive und emotionale Erlebnisse verbinden und es entwickelt sich daraus, so die Neurobiologen, ein differenziertes neuronales Netzwerk. Damit werden Grundlagen gelegt für die kognitiv-psychosoziale Kompetenz.

Wenn du deinem Stern folgst, dann kannst du die Herrlichkeit des Himmels nicht verfehlen.
Dante Alighieri, Göttliche Komödie

---

[8] Vortrag vom 16.3.07, gehalten im Kloster Marienberg

Was braucht das Kind für seine Entwicklung?

Der Mensch ist ein sich lebenslang entwickelndes Wesen.

Entwicklung vollzieht sich in Phasen oder Stufen. Am deutlichsten zeigt sich Entwicklung in der Kindheit. Das Kind muss sich einerseits zu einem sozialen Wesen entwickeln, das fähig ist, sich an und mit seiner Umwelt zu entwickeln, das allgemeine Regeln, von erzieherischen Maßgaben der Eltern bis zu staatlich geregelten Gesetzen einsieht und akzeptiert. Es soll zum Mitmenschen werden, der fähig ist, den anderen Menschen als ein individuelles Wesen zu sehen, der die Grenzen des anderen akzeptiert, der Mitleid empfinden kann und seine Kraft in den Dienst von anderen stellen kann.

Andererseits soll sich das Kind aber auch zu einem ganz individuellen Wesen entwickeln, zu einem Menschen, der seinen eigenen „roten Faden" im Leben erkennen lernt, der seine eigenen Fähigkeiten einschätzen und weiterentwickeln kann, aber auch seine Beschränkungen kennt und akzeptieren kann.

Wie lernt das Kind all das?

Einerseits hat ein Kind eine gewisse genetische Disposition, es kommt mit bestimmten Anlagen und Fähigkeiten zur Welt. Andererseits wird es in eine bestimmte Familie hineingeboren, in eine bestimmte Situation, die ihm Entwicklung ermöglichen oder auch erschweren kann. Es lernt durch seine Auseinandersetzung mit der Welt, zuerst in der unmittelbaren Umgebung der Familie, dann lernt es dort, wo es in einen immer größer und größer werdenden Radius hineingestellt ist, also im Kindergarten, durch die Nachbarschaft, die Großeltern, Freunde usw. Am meisten lernt das Kind in der frühesten Epoche seines Lebens. Da ist es am empfänglichsten für Eindrücke, ja, da hat es noch keinen Schutz, sich von Eindrücken überhaupt abzugrenzen.

In den wichtigen ersten drei Jahren ist das Kind noch verbunden mit seiner Umwelt, vor allem verbunden mit der Mutter, beziehungsweise mit der Person, die es vorrangig betreut; es hat noch keine Ich-Grenzen, Ich und Welt sind eines (Das heißt nicht, dass es nicht bald unterscheiden lernt zwischen Mutter, Vater und fremden Personen, was deutlich wird im „Fremdelalter", wenn das Kind etwa 9 Monate alt ist).

Aber erst, wenn das Kind zu sich „Ich" sagen lernt, beginnt es sich deutlich aus der Einheit mit der vertrauten Person zu lösen und erlebt sich als von ihr getrennt. Seinen Ausdruck findet das in der sogenannten Trotzphase. In diesem Alter gehen viele Kinder die ersten Schritte in die Selbständigkeit, werden Kindergartenkinder. Natürlich sind die Übergänge fließend, heute scheint sich dieser Vorgang der ersten „Ich-Erkenntnis" deutlich früher zu zeigen.

Wichtig für die Selbständigkeitsentwicklung des Kindes ist das Bindungsverhalten des Kindes zur Mutter, das sich vor allem im ersten Lebensjahr als Erfahrung manifestiert. Bis dahin haben die Kinder bereits ein Bild von der Welt und ihren Vertrauenspersonen entwickelt, das ihnen entweder ein Gefühl der Verlässlichkeit gibt, oder aber das Gefühl der Unberechenbarkeit verunsichert die Kinder so, dass sie selber eine ambivalente Beziehung zur Welt entwickeln.

Nach der Psychologin Hellgard Rauh zeichnen sich Kinder mit sicherer Bindungsbeziehung dadurch aus, dass sie bei Belastungen Nähe und Kontakt zur Mutter suchen: „Wenn sie allein gelassen sind, zeigen sie zunächst kaum Kummer (sie scheinen darauf zu vertrauen, dass sie [die Mutter] gleich wiederkommt); wenn sie aber Kummer ausdrücken, dann ist deutlich erkennbar, dass sie die Mutter vermissen; die Fremde vermag sie in dieser Situation nicht zu trösten. Bei Wiederkehr der Mutter begrüßen sie sie mehr als nur beiläufig und haben mehr Interesse an der Mutter als an Interaktion mit der Fremden oder den Spielsachen. Wenn die Mutter sie aufnimmt, zeigen sie keinerlei Widerstand gegen diesen Kontakt, sondern entspannen in ihren Armen."[9]

Entscheidend sind die Erfahrungen der ersten Jahre für die weitere Entwicklung auch im Hinblick auf die Selbstachtung der Kinder. (Die Psychologie erkennt hier einen deutlichen Zusammenhang zu den Bindungserfahrungen). Seine sozialen und emotionalen Persönlichkeitsmerkmale werden bereits durch entsprechende frühkindliche Erfahrungen geprägt. Erlebt das Kind in seiner frühen Kindheit keine ausreichende Geborgenheit, ist die Gefahr groß, dass es in späterem Alter hyperaktiv, ängstlich, unausgeglichen und wenig bindungsfähig wird. Ebenso ist seine Spielfähigkeit beeinträchtigt.

Für seine Entwicklung in den ersten Jahren, ebenso aber auch später, benötigt das Kind nicht nur stabile Beziehungen und eigene Zeiträume zu seiner Entfaltung, sondern auch Lebens- und Entwicklungsräume im Sinne von Seelenräumen. Gemeint ist der seelische Raum, der Schutz und Halt vermittelt, einmal durch Grenzsetzung von Seiten der Erwachsenen, der aber auch entsteht durch Familienrituale, durch Struktur und Rhythmus, der gleichzeitig Entfaltungsraum ist, indem der Erwachsene Wärme gibt, Zuwendung, Anteilnahme und Spielraum. Der Erwachsene ist hier auch aufgerufen, in diesem Raum die für das Kind in seiner jeweiligen Entwicklungsphase nötige Nähe, aber auch die nötige Distanz herzustellen. Insbesondere die Frage, wie viel Raum das Kind für sich braucht und wie es sich diesen schafft, verlangt viel Einfühlungsvermögen des Erwachsenen. Die Abgrenzungsversuche werden oft krisenhaft erlebt. Sie sind immer Kennzeichen neuer Entwicklungsstufen und nicht nur eminent wichtig gegen Ende der Kindheit, wenn das Kind lernen will und muss, sich von seiner Umwelt, vor allem aber von den Eltern zu lösen und die ersten Schritte in die Eigenverantwortung und Selbstbestimmung tut.

---

[9] Rauh, in: Oerter / Montada, Entwicklungspsychologie, S. 242

Aber schon von Anfang an wird deutlich, was das Kind in dieser Hinsicht braucht.

Wenn man einen Säugling oder ein Kleinkind ständig bei seinem Tun unterbricht, weil etwas kaputt gehen oder das Kind sich verletzen könnte, wenn man es ständig zu irgendetwas ermuntert, was es noch nicht kann, es zum Beispiel zum Stehen hochzieht, obwohl es von sich aus keine Anstalten macht, ist das für seine Entwicklung genauso wenig förderlich, wie wenn man es ständig in einen „Baby-Safe" setzt.

Emmi Pikler[10], eine ungarische Kinderärztin, hat immer wieder darauf hingewiesen, dass ein Kind kein Spielzeug ist, das von früh bis spät von seinen Verwandten herumgetragen werden will, die es kitzeln, mit ihm herumtanzen und von ihm verlangen, dass es seine neuesten Kunststücke zeigt. Es ist auch kein Gegenstand des Wettbewerbs, das man mit anderen ständig vergleichen soll, dem man Dinge entlocken will („sag ‚Mama', sag' doch mal ‚Maamaa'"), ein Kind braucht seine eigene Zeit für seine Entwicklung, es lernt das, was seiner Entwicklung gemäß ist von alleine, wenn es mit der nötigen Geduld und Ruhe begleitet wird und wenn man ihm seine Umgebung so gestaltet, dass es eigene Erfahrungen machen kann. Es ist sinnvoller, seine Umgebung umzugestalten (die teure Stereoanlage in ein anderes Zimmer, die kostbaren Bücher höher ins Regal und die Scheren und Messer nicht in die unterste Schublade), als das Kind ständig bei seinen Erkundungsabenteuern zu unterbrechen. Dagegen ist es wichtig, dass die Eltern die Bedürfnisse ihrer Kinder wahrnehmen lernen und sie bei ihrer Entwicklung zur Selbständigkeit ermutigen.

Das Gleiche gilt auch für das größere Kind. Es wäre Unsinn, von einem Kind zu verlangen, dass es alleine Brötchen holen geht, wenn es das noch gar nicht will, aber wenn ein Kind seinen Aktionsradius von sich aus erweitert (von der Mutter weg in ein anderes Zimmer, von der Wohnung alleine in den Garten, mal draußen vor der Haustür sitzen wollen, ganz allein einen Ausflug zur Nachbarin machen, später einmal um den Häuserblock usw.) braucht es Zutrauen und Ermunterung.

Zu entscheiden, wann das Kind alleine in den Kindergarten und in die Schule gehen kann, wann es mit dem Fahrrad unterwegs sein darf, ob es mal alleine bleiben kann und wann der richtige Zeitpunkt gekommen ist für das erste Ferienlager, ist für Eltern eine ständige Herausforderung, die oft mit Ängsten (vor allem der Eltern) verbunden ist. Wenn das Kind erleben konnte, dass die Eltern ihm Dinge zutrauen, die es auch selber wagt und es vielfältige Erfahrungen im Hinblick auf seine eigenen Fähigkeiten machen konnte, ist es meist gut in der Lage, selbst abzuschätzen, was es schon kann. (Ich komme darauf noch einmal zurück im Kapitel: Mut zum Loslassen)

Für das Spielverhalten des Kindes gilt: Das Kind ist mit drei Jahren deutlicher in der Lage, das Spiel als Lebensbewältigung und Existenzsicherung zu nutzen. Vorher war

---

[10] Emmi Pikler, Lasst mir Zeit

das Kind stärker interessiert an den Tätigkeiten der Erwachsenen, die es sich im nachahmenden Spiel zu eigen gemacht hat. Das Spiel wird nun im Zusammenhang mit anderen Kindern nach und nach von einem Nebeneinander zu einem Miteinander. Das Kind erwirbt sich soziale Fähigkeiten. Es kann jetzt ausdauernd spielen und je näher es dem Schulalter kommt, desto planvoller spielt es auch. Es weiß dann bereits am Morgen, womit es sich im Kindergarten beschäftigen will. Vorher ließ sich das Kind stärker von dem anregen, was um es herum geschah.

Ab dem Schulalter treten die Eltern mehr in den Hintergrund, da ist es die geliebte Lehrerin, die weiß, „wie es richtig geht", oder auch andere Erwachsene. Die Freunde nehmen einen immer wichtigeren Platz im Leben des Kindes ein. Von ihrem Urteil hängt jetzt viel ab. Die Wertschätzung der Kameraden wird wesentlich für das Selbstkonzept des Kindes.

Jetzt hat das Kind bei gut verlaufener bisheriger Entwicklung eine solide Basis, sich auch intellektuelles Wissen anzueignen. Jetzt kann es anfänglich verantwortungsvolle Aufgaben auch im häuslichen Bereich übernehmen. Aber auch gerade jetzt, wo viele verschiedene Eindrücke auf es einstürmen und Anforderungen auf das Kind zukommen, braucht es Zeit, um das alles spielerisch verarbeiten zu können.

Nicht von ungefähr ist das Recht auf Spiel Teil der inzwischen auch in Deutschland ratifizierten UN-Kinderrechtskonvention. Es sollte uns zu denken geben, dass der UN-Experte und Sonderberichterstatter Muñoz auf der 4.Sitzung des UN-Rates 2007 Bedenken äußerte, dass die vorschulische Bildung in Deutschland zu sehr „formalisiert und so das Spiel als pädagogisches Mittel und Grundrecht abgeschafft werde".[11]

Wenn man von Entwicklung spricht, stellt sich natürlich unmittelbar die Frage nach der Zielsetzung. Wohin will, wohin soll sich das Kind, der junge Mensch entwickeln? Philosophisch gesprochen würde ich es so formulieren: Als das Ziel der menschlichen Entwicklung gilt in meinen Augen die Freiheit als diejenige Eigenschaft, die uns am meisten vom Tier unterscheidet. Frei von Instinktverhalten, Trieben und Begierden, frei auch von Außeneinflüssen jeder Art, frei, selbstbestimmt und eigenverantwortlich die als notwendig erachteten Aufgaben, die das Leben stellt, zu meistern.

„Frei ist der Mensch, insofern er in jedem Augenblicke seines Lebens sich selbst zu folgen imstande ist."[12] So gesehen bleiben wir immer in Entwicklung begriffene Individuen.

Der sich zu Freiheit und Selbstbestimmung entwickelnde junge Mensch, der sich uns Erwachsenen anvertraut hat, wird auch uns beweglich halten und öffnen für Neues, weil

---

[11] Quelle: Süddeutsche Zeitung Nr. 68
[12] Rudolf Steiner, Die Philosophie der Freiheit

er durch sein Sein und seine Orientierung an der Zukunft unsere Gegenwart und damit unsere Denkgewohnheiten immer wieder in Frage stellen wird. Daher sind die Gegenwart von Kindern und der Dialog mit den Heranwachsenden für den Erwachsenen so fruchtbar. Insofern ist Erziehung in erster Linie Be-ziehung, verweist es doch auf die Gegenseitigkeit: So wie das Kind vom Erwachsenen lernt, so kann der Erwachsene vom Kind und mit ihm lernen. Mut zur Erziehung bedeutet dann, dass in dem gegenseitigen Verhältnis die Freiheit impliziert ist. Der Religionsphilosoph Martin Buber hat es vor 50 Jahren so formuliert:

„Der Mensch, der erziehende, er braucht keine der Vollkommenheiten zu besitzen, die das Kind ihm anträumt. Er kann sich auch nicht in einem fort mit dem Kind befassen, weder tatsächlich noch auch in Gedanken, und soll's auch nicht. Aber hat er es wirklich aufgenommen, dann ist jene unterirdische Dialogik, jene stets potentielle Gegenwärtigkeit des einen für den anderen gestiftet und dauert. Dann ist Wirklichkeit zwischen beiden, Gegenseitigkeit."[13]

Die unabdingbare Voraussetzung des Erwachsenen hierfür heißt „wahr-nehmen" und zwar im eigentlichen Wortsinn. Es bedeutet, das Kind in seinem eigentlichen Wesen zu erkennen, Abstand zu nehmen von den eigenen Vorstellungen, von den Wünschen darüber, wie man das Kind gerne hätte, von Vorurteilen, und seien sie noch so positiv, sich hüten vor Übertragungen („genau wie ich früher!"). Hingegen muss man einen unverstellten Blick gewinnen und das Kind betrachten mit den Fragen:

Wer bist du? Was brauchst du? Wo willst du hin? Was brauchst du von mir? Was verlangt die Situation? Wohin geht dein Interesse? Welches ist die Aufgabe, die du dir gerade vorgenommen hast?

Lernprogramme stehen dem eigentlich grundsätzlich im Wege, wenn sie die Lernziele im Vorhinein bestimmen, ebenso wie Erziehungsratgeber, die versprechen, für jede Situation eine Pauschallösung parat zu haben. Was der Erwachsene aber braucht, um sich auf diese Weise auf ein Kind einzulassen, um seine Einzigartigkeit zu erkennen, ist Muße und Aufmerksamkeit. Einfach ist das sicherlich nicht, wenn man bedenkt, unter welchem Zeitdruck heute die Familien stehen, wenn beide Eltern Vollzeit arbeiten wollen oder müssen, wenn die zur Verfügung stehende Zeit, ohne Programm, immer knapper wird. Wie sollen Erzieherinnen in Kitas, die oft hoffnungslos überfüllt sind, weil es an Personal mangelt, noch ausreichend Zeit für die Bedürfnisse des einzelnen Kindes aufbringen? Denn, um nicht falsch verstanden zu werden: einfach die Kinder machen lassen ist nicht generell die bessere Alternative dazu, das Lernen von Anfang an zu verschulen. Nur aus der genauen Wahrnehmung dessen, was ich am Kind und seinem Tun beobachte, kann ich sein Tun und damit sein Lernen unterstützen.

---

[13] Martin Buber, 1956, zitiert in : Andreas Flitner, Konrad, sprach die Frau Mama…, S.156

Das Spiel dient dem wirklichen Menschen, sich das Ideal des allseitig entwickelten Individuums anzuverwandeln, sich die Welt als eine menschliche zu erschließen. Der Mensch spielt nur, wo er in voller Bedeutung des Wortes Mensch ist und er ist da ganz Mensch, wo er spielt.

Friedrich Schiller

Allgemeine Betrachtungen zum kindlichen Spiel

Schiller unterscheidet in seiner Abhandlung „Über die ästhetische Erziehung des Menschen"[14] zwischen einem sinnlichen Trieb, mit dem sich der Mensch in der Wirklichkeit verankert, und einem Formtrieb, der ihn mit Ordnungsprinzipien verbindet. Diese Gegensätze werden durch den Spieltrieb überbrückt. Dieser lässt den Menschen in seinem eigentlichen Sein erscheinen. Spiel hat so ästhetische und moralische Qualität zugleich.

Wie Schiller stellt auch Huizinga[15] den Zusammenhang her zwischen Spiel und Kultur. Er stellt dem *homo faber* (dem schaffenden Menschen) den *homo ludens* (den spielenden Menschen) gegenüber. Spielerisches Handeln ist seiner Ansicht nach Grundlage kultureller Tätigkeit.

Am hilfreichsten zum Verständnis des Spiels sind vielleicht die Merkmale, die Scheuerl[16] herausgearbeitet hat. Die wichtigsten sind:

- Spiel ist frei von Ziel- und Zwecksetzungen, die von außen kommen,
- es hat sein Ziel in sich,
- es findet im Bereich des „als-ob" statt,
- um seinen inneren Freiraum erhalten zu können, muss es nach außen abgeschlossen sein,
- Spiel findet immer im Hier und Jetzt statt.

Die tätigkeitszentrierte Motivation, das Fluss-erleben (flow), wie es Csikszentmihaly[17] genannt hat, wird in der neueren Spielforschung hervorgehoben: Die Erfahrung beim Spiel sei die, so der Psychologe, dass man sich optimal beansprucht fühle, der Handlungsablauf glatt und flüssig vonstatten gehe, die Konzentration von selbst erfolge, das Zeiterleben ausgeschaltet sei und man selbst erlebe sich nicht abgehoben vom Tun, sondern gehe in ihm auf.

---

[14] Friedrich Schiller, Über die ästhetische Erziehung des Menschen
[15] Johan Huizinga, Homo Ludens
[16] Hans Scheuerl, Beiträge zur Theorie des Spiels
[17] Mihaly Csikszentmihalky, Das Flow-Erlebnis

Diese Definition verweist insbesondere auf die Verwandtschaft des Spiels mit jedem anderen kreativen Prozess, sei es in der Wissenschaft, der Forschung oder der Kunst.

Kreatives Handeln in diesen Bereichen wird selbstverständlich als notwendig erkannt, der Umkehrschluss ist nicht gleichermaßen eindeutig.

„Der Erwachsene arbeitet, das Kind spielt": heißt dies, dass das, was der Erwachsene tut, Ernst ist, das aber, was das Kind tut, nur Zeitvertreib?

Wenn man die Diskussion um die Frühförderung unserer Kinder verfolgt, könnte man zu diesem Schluss kommen. Will allerdings der Mensch seiner Zeit gerecht werden, muss er seine in ihm wohnenden schöpferischen Kräfte in seiner Arbeit ebenso wie in seiner Freizeit zur Entfaltung bringen, denn das ist es, was die heutige, sich ständig verändernde Zeit verlangt, nicht nur damit der Mensch sich selber realisieren kann, sondern weil er in Zukunft nicht mehr anders bestehen können wird.

Beobachten wir ein gesundes Kind beim Spielen, so können wir erleben, wie es völlig versunken in seiner Tätigkeit aufgeht. Gisela Ammon zieht daraus folgenden Schluss:

„Wir müssen annehmen, dass das intensive und konzentrierte Spielen in der Kindheit die konzentrierte Kraft und Hingabefähigkeit der Arbeit des erwachsenen Menschen nach sich zieht".[18]

Das sollte uns zu denken geben im Hinblick auf den von allen Erziehern und Lehrern beklagten zunehmenden Konzentrationsmangel der Kinder. Kinderspiele sind auf ganz verschiedenen Ebenen anzuschauen. Betrachten wir einmal wie und was das Kind lernt, wenn es spielt. Was wir oftmals als sinnloses Tun interpretieren mögen, entpuppt sich beim genaueren Hinschauen als ein systematischer, konzentrierter Lernvorgang.

Ich beobachte ein dreijähriges Kind, wie es mit Wasser spielt:

Es wirft ein Blatt ins Waschbecken, belädt es mit einem Stein, das Blatt geht unter, eine Plastikschüssel kommt dazu, eine Murmel kommt hinein, die Schüssel schwimmt, die Murmel wird direkt ins Wasser geworfen und beim Sinken beobachtet, die Plastikschüssel wird umgedreht und unters Wasser gedrückt, flutscht hinaus, wird wieder umgedreht und mit Wasser gefüllt, sie sinkt auch nach unten, ein Stein wird in die Schüssel gelegt: „der Kabeteen", erklärt das Kind, die Schüssel wird mit der Murmel durchs Wasser gezogen, immer schneller und schneller, der Kapitän fällt ins Wasser, bleibt eine Weile am Grund liegen, wird wieder herausgezogen und liebevoll abgetrocknet. „Sons kriegda Snupfn!" Was macht das Kind da? Es spielt versunken und ernst, es scheint sich einer schwierigen Aufgabe zu widmen, das kann ich sehen, aber was bezweckt es?

---

[18] in Petzold (Hg.), Puppen und Puppenspiel in der Psychotherapie, S.73

Natürlich wird es mir nicht antworten: Ich stelle Versuche an zu den Themen: Masse, Wasserverdrängung, Volumen und Schwerkraft, außerdem ist mein soziales Thema Macht und Ohnmacht, ich habe meine Sozialfähigkeit geübt und den Zusammenhang zwischen Unterkühlung und Erkältung hergestellt. Ich habe meinen Tastsinn benutzt und meinen Wärmesinn geschult.

Aber das ist es.

Feuer, Wasser, Luft und Erde – das Spiel mit den Elementen regt Kinder jeden Alters zum Forschen und Gestalten an

Wie schade, wenn wir auf die Entdeckerfreude und den Forscherdrang des Kindes statt mit Interesse eher mit: „Mach nicht alles nass…krempel die Ärmel hoch….. jetzt kann ich schon wieder den Boden aufwischen….." reagieren.

Was hat sich am allgemeinen Spielverhalten der Kinder heute verändert? Im Kleinkindalter wird die Veränderung vielleicht weniger sichtbar, als wenn man größere Kinder beispielsweise draußen beobachtet.

Neil Postman hat 1982 sein bekanntes Buch mit dem provozierenden Titel „Das Verschwinden der Kindheit" publiziert.

Ein Symptom, das die aufgestellte These unterstützt, findet sich in der Tatsache, dass eine bestimmte Art von Kinderspiel kaum noch zu finden ist. Gemeint sind Kinderspiele im Sinne von spontanen, selbst organisierten Spielen, deren Regeln erfunden, modifiziert und wieder verworfen werden können. Das können Straßenspiele sein oder Spiele, die in Schrebergärten, Parkanlagen oder in Schuppen gespielt wurden, jedenfalls fanden sie immer in einer sich spontan zusammengefundenen Kindergruppe statt, unter Ausschluss der Erwachsenen.

Heute werden Kindern Angebote gemacht: Der Töpferkurs, der kreative Malkurs, die musikalische Früherziehung und das Ballett stehen zur Disposition und immer früher und immer intensiver der Vereinssport. Mir ist klar, dass diese Art von Freizeitaktivität für viele Kinder ein Segen ist, weil es die Möglichkeit bedeutet, andere Kinder zu treffen und viele Kriterien erfüllt, die ich für die Entwicklung der Kinder einfordere.

Ich will hier auch nicht den Sport oder den Sportverein in Frage stellen, denn außer der wichtigen Bewegung, an der es heute ja vielen Kinder mangelt und der Körperertüchtigung ist es gerade der Gemeinschaftsgeist – so er denn dort gepflegt wird – der eine immens wichtige soziale Aufgabe erfüllt. Es ist allerdings einem Kindergartenkind oder einem Schulanfänger nicht gemäß, sich in Wettbewerbssituationen zu begeben und bereits zwei bis drei Nachmittage pro Woche verplant zu haben.

Spiel wird pseudoprofessionell. Noch in den sechziger und siebziger Jahren des 20. Jahrhunderts trafen sich Kinder einfach auf der Straße und legten gemeinsam Spielregeln fest, heute gehen sie drei Mal die Woche zum Training und haben an den Wochenenden „ein Spiel", und das häufig schon im Kindergartenalter. Früher fand Spiel im Allgemeinen draußen statt, die Tendenz heute ist es, drinnen zu sein und sehr häufig eben auch allein zu spielen, sofern man nicht bei einem „Kurs" angemeldet ist.

Spiel ist seiner Definition nach frei. Es ist frei von Naturnotwendigkeiten, frei von Alltag und frei von materiellen Interessen. Es spielt sich innerhalb bestimmter Grenzen von Raum und Zeit ab und hat seinen Sinn in sich.

Huizinga, der 1938 seine grundlegende Spiel- und Kulturtheorie entwickelt hat, fügt noch eine wesentliche Komponente zum Spielbegriff hinzu: nämlich die der Ordnung. „In die unvollkommene Welt und in das verworrene Leben bringt es (das Spiel) eine zeitweilige, begrenzte Vollkommenheit. Es schafft Ordnung, ja es ist Ordnung."[19] Der Spieler, der sich den – wenn auch selbst gegebenen – Regeln widersetzt, ist ein Spielverderber.

Kinder wachsen am Spiel, indem sie sich die Welt spielend erfahrbar machen und indem sie ihre vielfältigen und konfliktreichen Gefühle zum Ausdruck bringen und dadurch sublimieren können. Sie lernen dadurch, dass sie im Spiel, vor allem im Rollenspiel, die Rollen wechseln und dadurch ihre eigene Subjektivität überschreiten.

„Ob es sich um Kreativitätsförderung beim Rollenspiel oder auf pädagogisch betreuten, anregungsreichen Abenteuerspielplätzen handelt; um Kooperation- und Entscheidungstraining bei sportlichen Mannschaftskämpfen oder bei Planspielen; ob es um Freisetzung kindlicher Fantasie und Gestaltungsfähigkeit geht, um sprachliche Differenzierung der Ausdruckskraft oder um kompensatorische Überwindung von physisch, sozial oder erzieherisch bedingten Spielhemmungen; ob es schließlich auf Selbstkontrolle und innengeleitete Selbststeuerung (…) ankommt - stets wird ein Verständnis von Spiel als Stimulus für die Erziehung selbstständiger Menschen am hilfreichsten sein, das einseitige Festlegungen und starre Anpassungen an vorgegebene Handlungsrahmen und Regeln bestenfalls als Grenzfälle des Spiels auffasst und für zentral die Bereitschaft hält, das Wagnis des Ungewissen, Offenen, Abenteuerlichen einzugehen."[20]

Die Psychologie hat deutlich gemacht, dass das Kind im Spiel an seiner eigenen Identität arbeitet, oder, wie Erik H. Erikson es formulierte, es arbeitet im Spiel an seiner „Ich-Synthese".[21] Damit wird das Spiel zum wichtigsten Medium zur Selbstgestaltung.

Die Psychoanalyse betont den Aspekt der Bewältigung durch das Spiel: „Das Ich, welches das Trauma passiv erlebt hat, wiederholt nun aktiv eine abgeschwächte Reproduktion desselben, in der Hoffnung, deren Ablauf selbsttätig leiten zu können. Wir wissen, das Kind benimmt sich ebenso gegen alle ihm peinlichen[22] Eindrücke, indem es sie im Spiel reproduziert; durch diese Art, von der Passivität zur Aktivität überzugehen, sucht es seine Lebenseindrücke psychisch zu bewältigen."[23]

Als kleines Beispiel dazu möchte ich Ihnen ein eigenes Erleben schildern: Als unsere ältesten Töchter 3 und 2 Jahre alt waren, mussten wir in eine andere Stadt ziehen. Als die ältere den Umzugswagen wegfahren sah, war ihre Angst groß, alles verloren zu ha-

---

[19] Johan Huizinga, Homo ludens, S. 19
[20] Hans Scheuerl in: Das Kinderspiel, S.52
[21] Erik H. Erikson, Identität und Lebenszyklus, S.17
[22] im Sinne von „schmerzhaft", G.P.
[23] Sigmund Freud in: Hemmung, Symptom und Angst. Gesammelte Schriften, Band XI, S. 110

ben, was ihr wichtig war. In der Folge spielten die beiden in der neuen Wohnung über Wochen „Umzug", indem sie ihre ganzen Habseligkeiten in eines der Kinderbetten (den Umzugswagen) schleppten. Zufrieden „fuhren" sie mit den Sachen davon. Am Abend musste mit vereinten Kräften alles wieder an den richtigen Platz gebracht werden. Erst als sie in der neuen Situation richtig „angekommen" waren, konnten sie sich wieder anderen Spielinhalten zuwenden.

Die Erklärungsmodelle, die hier gesammelt sind, sind verschieden, weil sie aus unterschiedlichen Perspektiven das kindliche Spiel betrachten, sie ergänzen sich gegenseitig und haben alle Gültigkeit.

Wesentlich ist, dass das Spiel des Kindes, anders als bei Erwachsenen, die ja auch spielen, Aufgaben der Lebensbewältigung übernimmt zu einem Zeitpunkt, da andere Techniken und Möglichkeiten nicht zur Verfügung stehen. Kinder sind noch kaum in der Lage, ihre Gefühle anderen mitzuteilen, ja sich überhaupt Rechenschaft über ihre Gefühle zu geben.

Das bedeutet, nichts kann das Spiel für Kinder ersetzen, damit sie ihre Eindrücke verarbeiten können. Im Spiel aber können sie ihre Gefühle in Bilder bringen, dadurch verschaffen sie sich innere Klarheit und Distanz. Daran wird noch einmal deutlich, wie sehr das Spiel für Kinder nötig ist, um krankmachende Einflüsse im kindlichen Leben zu vermeiden.

Kinderzeit

Über roten Ziegeldächern
krähen die Hähne. Mein Fuß
streift durch rauhreifweiße feuchte Wiesen

In meinem Kinderdorf bin ich
wo der Tag sich weit aus
in den Abend streckt und

„morgen" ein leeres Wort ist
wie „gestern"
oder wie „Ewigkeit"

Ulla Hahn

Wozu müssen Kinder überhaupt spielen?

„Kinder gestalten ihre Anlagen zu Fähigkeiten, indem sie spielen; ... sie gestalten zunehmend auch Verhältnisse und Beziehungen zwischen anderen Menschen, äußeren Vorgängen und Gegenständen."[24]

Spiel ist das Mittel, alle Fähigkeiten, körperliche, soziale, emotionale und intellektuelle, zur Entfaltung zu bringen. Auf der Grundlage des Spiels baut die gesamte menschliche Erfahrungswelt auf.

„Spiel ist das Universale. Es ist Ausdruck von Gesundheit, denn: Spielen ermöglicht Reifung und damit Gesundheit."[25]

Spiel schafft eine schöpferische Beziehung zur Welt. Dadurch entsteht eine Voraussetzung für Sinn und Qualität des Lebens. Ein Mensch, der sich in der Arbeitswelt nur als Ausführender derer erleben kann, die bereits in irgend einer Weise schöpferisch - gestalterisch tätig waren und der nicht gelernt hat mit seinem Leben kreativ umzugehen, erlebt seine Arbeit und nicht selten damit auch sein ganzes Leben als sinn- und nutzlos.

Kinder - auch Erwachsene - entdecken sich im Spiel selbst, Dürckheim spricht davon, dass sie „zum Wesen durchbrechen".[26]

---

[24] Rudolph zur Lippe, Sinnenbewusstsein, S. 276
[25] D.W. Winnicott, Vom Spiel zur Kreativität, S. 53
[26] Karlfried Graf v. Dürckheim, Durchbruch zum Wesen, S. 128

Spielforscher gehen davon aus, dass Kinder bis zum vollendeten 6. Lebensjahr 15.000 Stunden spielen müssen (!), das heißt etwa 7 bis 8 Stunden pro Tag![27]

In der Welt des Spiels haben die Regeln des gewöhnlichen Lebens nur dann Geltung, wenn sie Thema sind. (Vater-Mutter-Kind-Spiele zum Beispiel). Und Spiel ist oft mit Geheimnis verbunden. Das heißt, es verlangt geradezu die Nicht-Präsenz des Erwachsenen. Dort, wo Kinder spielten, hatten Erwachsene früher nichts verloren.

Und wenn Erwachsene zugegen waren, standen sie nicht zur Beobachtung herum, sondern dienten den Kindern dazu, Erwachsenenleben zu vermitteln, weil die Erwachsenen in irgendeine nützliche Tätigkeit eingebunden waren.

Kinder stehen heute häufig unter Termindruck, ihre Nachmittage sind verplant, dabei ist Kindheit wesensgemäß zeitlos. Das freie Spiel, das Hauptbeschäftigung am Nachmittag sein sollte, wird an den Rand gedrängt und ist nur noch eine Tätigkeit unter vielen.

Das freie Spiel vor allem im Zusammensein mit anderen Kindern – wichtig vor allem für die größeren – ist oft in der Wohnung weder möglich noch sinnvoll. Dazu brauchen Kinder Gelegenheiten, im Freien zu spielen, die Schauplätze mögen dabei ganz unterschiedlich sein. Aber wo gibt es die heute noch? Und wenn es sie gibt, welcher Erwachsene kann noch zulassen, dass die Kinder alleine draußen sind?

In dieser Beziehung unterscheidet sich übrigens das Leben von Kindern, die auf dem Land aufwachsen, kaum von dem der Stadtkinder. Obwohl sie eigentlich alle Möglichkeiten hätten, Hütten zu bauen, auf Bäume zu klettern oder in Scheunen zu spielen, verbringen die meisten Kinder, laut dem Freiburger Soziologen Baldo Blinkert, höchstens 20 Minuten durchschnittlich am Tag draußen. Die „Airbag-Kindheit" hat sich auch auf dem Land etabliert. Ob der Fuchsbandwurm und die Zecken von Eltern gefürchtet werden oder die Angst vor Kinderschändern die Eltern dazu bringt, ihre Kinder lieber nachmittags unter Aufsicht zu lassen, eine unüberwachte Kindheit ist auch auf dem Land die Ausnahme.

Entgegen dieser realen Situation sagen auch in Großstädten drei Viertel aller Kinder, dass sie lieber draußen als drinnen spielen.[28]

Kinder brauchen das freie Spiel, ob drinnen oder draußen, um ihre sozialen und emotionalen Kompetenzen zu erweitern, sie brauchen Erfahrungen aus erster Hand, sie brauchen Geheimnisse. Sie müssen durch das Spiel ihre eigenen Wahrnehmungs- und Wirkungsmöglichkeiten entdecken lernen, andererseits dient das Spiel der Symbolisierung eigener Erfahrungen.

---

[27] laut Arbeitsausschuss Gutes Spielzeug, Ulm
[28] Neue Digitale und Frankfurter Kinderbüro 2004 zitiert in: H. Hofmann, Aufwachsen in Secondhand-Erfahrungen, Spielend leben lernen, Berlin

Um die Welt zu verstehen, sich in der Wirklichkeit verankern zu können und Ereignisse verarbeiten zu können, muss das Kind seine gemachten Erfahrungen symbolisieren können. Das tut es beispielsweise im Spiel mit Puppen. Nur so kann das Kind Ich-Identität entwickeln und seine Wirklichkeit bewältigen.

Ein Beispiel aus meiner Praxis[29] mag das verdeutlichen: Johannes, ein neunjähriger Junge, leidet massiv unter der Scheidung seiner Eltern. Er kämpft einen vergeblichen Kampf, die beiden wieder zusammenzubringen. Immer mehr zieht er sich zurück, wird immer dicker, schlägt häufig auf seine Mutter, bei der er lebt, ein, und will den Vater nicht sehen. Er ist in der Schule unkonzentriert und aggressiv.

Über lange Zeit spielt er ein und dieselbe Geschichte. Darin kommen zwei Königspaare vor, ein Paar ist schön und gut, das andere wüst und bösartig. Die Königssöhne (Johannes hat einen Bruder) des guten Königs haben es sich zur Aufgabe gemacht, die Bösen zu besiegen. Sie kämpfen einen verzweifelten Kampf, aber es gelingt ihnen nicht. Deshalb ziehen sie sich in ein anderes Land zurück. Von dort aus besuchen sie das gute Elternpaar.

Wie sich die Geschichte gelöst hat, tut hier nichts zur Sache, zeigen will ich daran nur, welcher Hilfsmittel sich Johannes bedient, um seine Situation in den Griff zu bekommen: Indem er die Eltern in gute Eltern und böse Eltern spaltet, schafft er sich die Möglichkeit, die positive Seite seiner Eltern akzeptieren und lieben zu können. Ihm wird auch klar, dass er die Situation nicht für seine Eltern lösen kann, sondern dass es sinnvoller ist, seine Kraft da einzusetzen, wo es darum geht, „sein eigenes Königreich" aufzubauen.

So wie der Erwachsene seine Erlebnisse reflektieren oder mit anderen besprechen muss, um sie als Erfahrung nutzbar zu machen, so braucht das Kind das Spiel. Das ist seine adäquate Form, die Erlebnisse aus einer gewissen Distanz betrachten zu können und damit im Gedächtnis zu verankern, um zum geeigneten Zeitpunkt auf die gemachte Erfahrung zurückgreifen zu können, indem man nun einer Situation in adäquater Weise begegnen kann. Diese Art der kindlichen Betrachtung ist keine reflexive, denkende, urteilende. Es handelt sich dabei statt um nachdenken eher um nachfühlen, erlaubt aber in gewisser Weise zu strukturieren, zu ordnen.

Steht dem Kind beispielsweise eine Operation bevor, wird die Puppe im Krankenbett versorgt, erhält Medikamente, wird operiert. Das Kind nimmt spielerisch eine erwartete Situation, nämlich seine bevorstehende Einweisung ins Krankenhaus, vorweg. So kann das Kind auch Ereignisse antizipieren, so bereitet es sich auf neue Situationen vor, das Spiel nimmt ihm die Angst, es kann „probehandeln". Auch hier handelt es sich eher

---

[29] Bei den Beispielen beziehe ich mich ausschließlich auf Situationen aus meiner Arbeit am Kaspar Hauser Institut für Heilende Pädagogik, Kunst und Psychotherapie. Die Namen der Kinder sind geändert.

um ein Vorausfühlen, bzw. Voraushandeln, als um ein voraus denkendes Bilden von Vorstellungen.

Entwicklungspsychologisch gesehen gestaltet sich kindliches Spiel folgendermaßen: In den ersten Jahren lebt das Kind ganz in der Nachahmung des Erwachsenen. Es ist permanent tätig, oft ohne erkennbaren Zweck und unermüdlich wiederholend. Das Kind ist erfüllt von Tatendrang. Was es in seiner Umwelt wahrnimmt, setzt es in Tätigkeit um. Nur ist die Tätigkeit des Kindes nicht geleitet vom Zweckmäßigkeitsprinzip und von dem Gedanken der Nützlichkeit wie beim Erwachsenen, es empfindet eine Befriedigung in der Tätigkeit an sich.

Nachahmend erschließt sich dem kleinen Kind die Welt

In den ersten drei Lebensjahren ist das Kind vor allem ein handelndes Wesen. Es ist in dauernder Bewegung. In der Bewegung erlebt das Kind vor allem Freude. Es erkundet das Verhältnis seines Körpers in Bezug auf den Raum, die Bewegung im Raum verhilft zum räumlichen Sehen. Im Erüben des Gleichgewichtes wird die Grundlage gelegt für das seelische Gleichgewicht. Wenn man ein Kind beobachtet, wie es beispielsweise unermüdlich übt zu stehen, kann man erleben, wie sich hier menschlicher Wille entwickelt. Wird dem Kind genügend Raum und Zeit gegeben, seinen Bewegungsdrang auszuleben, nicht im Toben, sondern im Tun, schafft sich das Kind die Grundlage dafür, später ein tatkräftiger Erwachsener zu werden.

Die Tatsache, dass es wiederholter Bemühungen bedarf, die oft genug fehlschlagen, bis sich der Erfolg einstellt, lehrt die Kinder Ausdauer, aber auch das Zutrauen darauf, dass es sich lohnt, Energie für eine Sache einzusetzen und dass es schlussendlich zu Erfolg führt. Wird das Kind aber in seiner Tätigkeit gestört, indem der Erwachsene dauernd eingreift, dadurch, dass er entweder das Üben forciert oder dem Kind, das sich müht, sofort beispringt und ihm hilft oder sein Üben aus anderen Gründen verhindert, wird das Kind nur mangelhaft zu den eigenen Fähigkeiten Zutrauen entwickeln können. Hat es beim Spielen gelernt durchzuhalten, bis ihm die selbst gesetzte Aufgabe gelungen ist, ist es auch später bei schwierigen Aufgaben in der Lage, die nötige Ausdauer und Frustrationstoleranz aufzubringen, bis es zu Lösungen kommt.

Für die Kinder ist es daher auch wichtig, dass die Eltern und Erzieher nicht nur die Erfolge der Kinder honorieren, sondern ebenso sehr ihr Durchhaltevermögen bei schwierigen Aufgaben.

Zwischen dem 3. und dem 5. Lebensjahr ist das Spiel des Kindes angereichert durch Phantasietätigkeit. Das Kind konstruiert sich eine eigene Realität, es ist das Spiel des „als-ob". Personen, Gegenstände und Handlungen können etwas anderes sein als in der Realität außerhalb des Spiels. Das Kind deutet es je nach Situation um. War der Bauklotz eben noch das Bügeleisen, so ist er im nächsten Moment die Eisenbahn.

Im Spiel drückt sich in diesem Alter zunehmend das Gefühlsleben des Kindes aus. Das wird besonders deutlich im spielerischen Umgang mit der Puppe. Das Kind entwickelt durch das Spiel Gefühlsqualitäten, die es ihm ermöglichen, im Erwachsenenalter schöpferisch seine Lebensverhältnisse zu gestalten.

Beim Spielen mit Objekten, z.B. dem Murmelspiel, spielen die Kinder eher nebeneinander statt gegeneinander. Es gibt keine Verlierer und Gewinner, jeder kann Gewinner sein.

Zwischen dem 5. und dem 7. Lebensjahr beginnt das Kind stärker sein Denken mit einzubeziehen. Das heißt, das Spiel wird planvoller, zielgerichteter und ausdauernder. Zunehmend wird es auch sozialer. Das Kind braucht jetzt stärker als zuvor Mitspieler. Das Zusammenspiel mit anderen erfordert in hohem Maße soziale und kognitive Kompetenzen.

Mit Beginn des Schulalters entwickelt das Kind auch Freude an Regelspielen. Oft sind es selbst gesetzte Regeln, die sich situationsadäquat (zum Beispiel im Hinblick auf jüngere Mitspieler) modifizieren lassen. Jetzt will es auch seine eigene Leistung erleben und ist erpicht darauf, besser zu werden. Den Wettbewerb mit anderen, das Spielen gegeneinander ist auch in diesem Alter noch nicht kindgemäß. Das entwickelt sich aber deutlich um das neunte Lebensjahr herum.

Psychologen sprechen von „Funktionslust", wenn sie die Freude meinen, die das Kind empfindet, wenn es seinen Körper im Spiel spürt, wenn es merkt, wie gut er „funktioniert", seine Bewegungsmöglichkeit verursacht ihm Freude. Das gleiche gilt auch für seinen Geist. Es verursacht Vergnügen, eine schwierige Aufgabe lösen zu können, eine Idee umgesetzt zu haben, mit seinen geistigen Kräften spielerisch umgehen zu können.

Spielerisches Lernen im Sinne von „lernen soll lustig sein", bunt und bevölkert von Comicfiguren, hat mit dem wirklichen Spiel nichts zu tun. Das ist eine Verniedlichung und Veralberung, ja ein Missbrauch des Spiels. Damit wird Spiel nicht ernst genommen (und auch nicht das Kind), sondern es wird funktionalisiert, weil man weder dem eigentlichen Spiel vertraut noch daran glaubt, dass Wissen-wollen etwas ist, was Kindern gemäß ist und deshalb das Wissen in bunten Mogelverpackungen verkauft.

Besser sollte man daher sagen, das Kind lernt spielend, nicht spielerisch.

Warum das Spiel entwicklungsfördernd ist und weshalb es zur Realitätsbewältigung dient, kann man sich auch klarmachen, wenn man die Inhalte der Kinderspiele in Betracht zieht. Bruno Bettelheim[30] weist darauf hin, dass Kinder ihre entmutigende Erfahrung, in einer Welt zu leben, die sie nicht bewältigen können, dadurch überwinden, dass sie sich im Spiel eine verständlichere Welt schaffen, die sie begreifen können.

Themen wie Macht und Kontrolle, Ablösung und Abgrenzung, Nachspielen der Realität und Übertragung realer Probleme in eine Märchensprache werden uns noch beschäftigen.

---

[30] Bruno Bettelheim, Ein Leben für Kinder

„Was, wenn Veränderung nicht, ist dein drängender Auftrag?
Erde, du liebe, ich will. Oh glaub, es bedürfte
nicht deiner Frühlinge mehr, mich dir zu gewinnen-, einer,
ach, ein einziger ist schon dem Blute zu viel.
Namenlos bin ich zu dir entschlossen, von weit her."

Rainer Maria Rilke, aus der neunten Elegie

Das Kind als Gestalter seiner Welt

Kinder sind Schaffende, unermüdlich Tätige, Gestaltende...sofern man sie lässt.

Sie sind Baumeister, Handwerker, Köche, aber auch Verwandler, Künstler und Zauberer. Und sie sind omnipotent. Ein gesundes Kind traut sich alles zu und alle Tätigkeiten, die Erwachsene ausüben, sofern sie von ihm nachvollziehbar sind, sind für es gleichwertig. Ein Kind antwortete auf meine Frage nach seinem Berufswunsch: Hubschrauberpilot, König und Putzmann.

Die Arbeit trägt beim Kind noch den Wert in sich. Deshalb ist, jedenfalls in den ersten sieben Jahren, „Schaffen" eine sinnvolle Tätigkeit an sich, die noch nicht nach einem vorzeigbaren Endprodukt verlangt. Alles schreit für das Kind nach Veränderung, aus allem kann etwas werden. Aus Nichts entsteht eine Welt.

Geben Sie ihm ein paar Tücher und eine Handvoll Wäscheklammern oder einen großen leeren Pappkarton, und es macht daraus ein Königsschloss, ein Verlies, eine Höhle oder einen Wald. Und was das Material nicht hergibt, fügt es mit seiner Fantasie hinzu („Das wär´ die Ritterburg"). Geben Sie ihm ein glitzerndes Geschenkband und ein altes Stück Stoff aus glänzendem Material und Sie müssen Ihr Kind für den Rest des Nachmittags mit „Eure Majestät" anreden.

Kindsein heißt tätig sein. Je mehr sinnvolles Tätigsein das Kind umgibt, in dem Sinne, dass das, was der Erwachsene tut, für das Kind nachvollziehbar und durchschaubar erscheint, desto mehr wird das Kind angeregt sein, selbst zu tun. Das Kind ist in den ersten sieben Jahren ein Nachahmer. Wenn Vater oder Mutter in der Küche steht und kocht, will das Kind auch ein Töpfchen und kochen; wird das Laub im Garten gerecht, sucht es sich ein Ästchen und „arbeitet" mit. Für ein Kind ist nichts anregender, um ins Spiel zu kommen, als ein Erwachsener, der auch etwas tut. Je weniger die Kinder einen Einblick in die Arbeitswelt der Erwachsenen haben, weil das, was die Erwachsenen tun, zu abstrakt ist, desto wesentlicher wird es, im Beisein des Kindes vielfältige einfache Tätigkeiten zu vollziehen, sei es zu putzen, zu kochen, zu reparieren, zu säen, zu ernten, Holz zu hacken, zu schreinern, oder zu nähen.

Fängt die Mutter aber an zu telefonieren, weil das Kind ja gerade so schön spielt, wird sie in den allermeisten Fällen gerade dann gestört. Dass die Mutter in einen kleinen Kasten hineinspricht, ist eben für das kleine Kind eine abstrakte Tätigkeit, die es nicht nachvollziehen kann, außerdem erlebt es, dass die Mutter in diesem Moment ganz bestimmt innerlich nicht beim Kind ist. Es kann nicht wirklich verstehen, was die Mutter da tut, was nicht heißt, dass es nicht zu anderer Zeit die Mutter auch nachahmt, indem es einen Bauklotz ans Ohr hält und ebenfalls „telefoniert". Das gleiche Phänomen erlebt man, wenn man liest oder sich an den Computer setzt.

Erlebt ein Kind einen Erwachsenen in seiner Umgebung, der sich - für das Kind nachvollziehbar – sinnvoll beschäftigt, wird es ebenfalls ein „Schaffer". Kinder, die permanent nörgeln, weil sie sich langweilen, können meist diese Erfahrungen nicht machen. Ein Kindergarten, in dem der Erwachsene nur mit dem Kind spielen würde, würde eine künstliche Welt erschaffen, repariert die Erzieherin aber den Bollerwagen, kocht Marmelade oder bepflanzt den Garten, so wird das Kind entweder unmittelbar mittun wollen oder zufrieden eine andere Tätigkeit verrichten und zu gegebener Zeit die Tätigkeit des Erwachsenen nachahmend nachvollziehen. Natürlich freut sich ein Kind auch, wenn der Erwachsene sich gelegentlich ins Spiel mit einbeziehen lässt, es fühlt sich und sein Spiel dann ernst genommen und der Erwachsene wiederum hat die Möglichkeit, dem Spiel neue Impulse zu geben. Ein Erwachsener aber, der permanent versucht, den kindlichen Spielkameraden zu ersetzen, ist nicht das, was das Kind braucht.

Durch die Rollenübernahme ahmt das Kind das Tun des Erwachsenen nach zu dem Zweck, dessen Tätigkeit „nachhandelnd" zu verstehen. Das ist vor allem in den ersten Lebensjahren zu beobachten. Später – im so genannten soziodramatischen Spiel – versucht das Kind ein anderer zu sein. („Ich wär´ jetzt die Krankenschwester"). Sie ahmen dabei ebenso den Tonfall wie die Gestik des Erwachsenen nach. Das Kind wiederholt Geschehnisse, die es beeindruckt haben und imitiert Personen. Dabei wird im Laufe seiner Entwicklung deutlich, wie das Kind nach und nach - der Beginn ist meistens zwischen 2,5 Jahren und dem 3. Lebensjahr zu beobachten - die zunehmende Trennung zwischen seinem Ich und seiner Umgebung vollzieht. Die Unterscheidung zwischen Fantasie und Realität bleibt dabei fließend. Einerseits ist sich das Kind des fiktiven Charakters seines Spiels bewusst, was sich schon an der Formulierung „ich wär`..." deutlich zeigt, andererseits setzt es mühelos seine Fantasie ein, um zu ergänzen, was ihm in der Realität fehlt. Ein Stöckchen ist dann das Fieberthermometer und ein anderes der „Herzhörer".

Das Rollenspiel bereitet aber nicht nur auf die Übernahme späterer Erwachsenenrollen vor, sondern genauso gut findet man im kindlichen Spiel die Abweichung dessen, was es als üblich erlebt. Schon die Tatsache, dass das Kind - um bei dem Beispiel zu bleiben - die Krankenschwester spielt, also aktiv in die Hand nimmt, was es vorher passiv erleiden musste (als Patient), macht deutlich, dass sein Spiel weit mehr ist als ein bloßer Anpassungsvorgang.

Aber das Kind erprobt eben auch Neues, noch nie Dagewesenes, Dysfunktionales. Es ist hierin schöpferisch und somit bereitet das Spiel, nach Sutton-Smith, auf „die unvorhersehbare, nicht auf die vorhersehbare Zukunft vor."[31]

---

[31] Brian Sutton-Smith, Die Dialektik des Spiels

Erkläre mir, und ich vergesse. Zeige mir, und ich erinnere. Lass es mich tun und ich verstehe.

Konfuzius

Welterfahrung durch die Sinne

Über die Sinne machen wir Erfahrungen, die unseren eigenen Leib betreffen, wir machen Erfahrungen mit unserer Umwelt und mit anderen Menschen. Die Sinne sind die „Tore zur Welt", die Erfahrungen, die wir mit unseren Sinnen machen, bestimmen unser Sein.

Das Gefühl, zu sein und Wirklichkeit zu haben, fehlt heute vielen Menschen. Dieses Fehlen entsteht aus einem Mangel an echten Sinneserfahrungen. Andererseits nimmt die Sinnesüberflutung immer mehr zu, was zur Folge hat, dass wir immer stärkere Reize brauchen. Unser Gehirn hat sich darauf eingestellt und einen Schutzwall aufgebaut. Beim Geschmackssinn haben Forscher beispielsweise festgestellt, dass, um salzig zu schmecken 1986 ein 44% höherer Reiz nötig war als 1971. Zum gleichen Zeitpunkt hat man die Hörfähigkeit untersucht: Wo 15 Jahre früher noch 300.000 Klänge unterschieden werden konnten, konnten 1986 Kinder kaum mehr 100.000 Klänge unterscheiden (laut einem Bericht von Michael Kneissle in der Zeitschrift „PM" im November 1994).

Wissen ist mehr als Speicherung von Informationen via Internet zum Gehirn. Information ist nicht nur etwas anderes als Wissen, es ist in gewisser Weise das kalte und wesenlose Gegenteil. Wissen entsteht erst dann, wenn ich mir, ausgelöst durch echtes Interesse, mittels einer aktiven Herangehensweise als Forscher, Betrachter oder Experimentator, Informationen über den Gegenstand meiner Betrachtung quasi einverleibt habe. Wissen entsteht nur im Austausch mit der Welt durch die Sinne.

„Je intensiver und je extensiver der gesamte Leib sich dem Anlass der Empfindung und Wahrnehmung prüfend zuwendet, desto mehr bildet sich ein Körperbewusstsein von dem Vorgang aus."[32]

Um zu verstehen, muss das Kind körperlich nachvollziehen, es ahmt den Erwachsenen in seinen Tätigkeiten nach. Auch wenn wir Menschen in intensivem Gespräch miteinander beobachten, können wir erleben, wie einer zum Spiegel des anderen wird, indem er die Gesten oder die Haltung des Gegenüber nachahmt, unbewusst selbstverständlich, weil es ihm hilft, ein Stück weit in den anderen hineinzuschlüpfen, um ihn besser zu verstehen.

---

[32] Rudolf zur Lippe, Sinnenbewusstsein, S. 291

Die Bewegungsentwicklung wirkt auf die Gehirnbildung zurück. Jedes Handeln, seien es Fingerspiele bei den kleinen Kindern, sei es Stricken, Nähen, Hämmern oder Schnitzen bei den größeren, erfüllt nicht nur seinen Sinn in Bezug auf das Ergebnis oder die seelische Anregung, sondern wirkt sich auf die Differenzierung der Gehirnbildung aus.

Hände sind Denkmittel, das kleine Kind muss alles begreifen, um im körperlichen Hantieren ein geistiges Begreifen zu entwickeln. Unsere Sprache spricht deshalb sehr weise von erfassen und begreifen.

Je mehr Anregungen wir in der frühen Kindheit über alle Sinne bekommen, desto mehr Kontakte zwischen den Nervenzellen entstehen in unserem Gehirn. Je reichhaltiger unsere Erfahrungen in den ersten Jahren sind, desto flexibler werden wir uns im Erwachsenenleben verhalten, so sagen die Hirnforscher. Eigentlich sind die Kinder heute aber eher übererregt, werden hyperaktiv, haben Konzentrationsprobleme. Daher stellt sich die Frage: Was ist denn jetzt richtig, anregen oder abschotten?

Der Hirnforscher Harald Hüther macht darauf aufmerksam, dass Unsicherheit und Angst die Integration und Organisation komplexer neuer Wahrnehmungen und Reaktionsmuster stören. „Eine über die bereits vorhandenen Möglichkeiten hinausgehende Fortentwicklung der eigenen Fähigkeiten zur Integration, Bewertung und Filterung komplexer Wahrnehmungen kann unter diesen Bedingungen nicht gelingen (…) Ein Zustand, bei dem alle Wahrnehmungen gleichzeitig und ungeordnet auf einen Menschen einprasseln, ist selbst für Erwachsene unerträglich, für Kinder erst recht."[33] Mangelnder Reizschutz macht Angst.

Das heißt, hier müssen wir unterscheiden zwischen den Anregungen, die sich die Kinder suchen und den Eindrücken, denen sie passiv ausgesetzt sind. Und wir müssen weiter unterscheiden zwischen Eindrücken, die hauptsächlich auf das Auge und das Ohr einwirken und den Eindrücken auf die anderen Sinne, die eher vernachlässigt werden.

Der Entdeckungshunger, der die Kinder leitet, wenn sie beginnen, die ganze Wohnung zu erobern, Schränke auszuräumen, Blumenerde aus den Töpfen zu pulen, auf Stühle zu klettern, Dinge durchs Zimmer zu transportieren, dem Klang zu lauschen, wenn die Topfdeckel auf die Erde fallen, wenn sie zuschauen, wie der Zucker aus der Dose auf den Boden rieselt, wenn sie den Kuchen kneten wollen oder das Badezimmer unter Wasser setzen, regt sie in vielen Sinnesbereichen an. Werden sie aber einer permanenten akustischen Berieselung ausgesetzt oder müssen sie schon im Kinderwagen die Eltern in die Stadt zum Einkaufen begleiten, sind sie hilflos Eindrücken ausgesetzt, die sie weder ausblenden noch aktiv beeinflussen können.

Kinder leiden heute unter Bewegungsmangel, weit in das Jugendalter hinein, dadurch

---

[33] Gerald Hüther / Helmut Bonney, Neues vom Zappelphilipp, S.50

wird der Bewegungssinn zu wenig angeregt. Säuglinge werden viel zu häufig in Babywippen oder Sitzschalen gelegt. Da kann ihnen zwar nichts passieren, sie haben dadurch aber keine andere Stimulans als Hören und Sehen, alle anderen Erfahrungsmöglichkeiten sind zumindest stark eingeengt. Dadurch werden Riechen und Tasten, Schmecken (wie wir wissen erkunden kleine Kinder die Dinge immer über den Mund) nicht genügend angeregt. Die Sinneskost ist unausgewogen.

Größere Kinder verbringen zu viel Zeit in ihren Kinderzimmern, bewegungslos vor dem Computer, dem Fernseher oder der Playstation. Zunehmend sieht man Kinder auf dem Schulweg mit iPod, MP3-Player oder Ähnlichem. Dadurch blenden sie ihre Umgebung aus, das mag einerseits Selbstschutz sein, andererseits ist die Stimulans eher einseitig.

Hör- und Sehsinn werden häufig durch die uns umgebende Umwelt überstimuliert, ohne dass wir darauf großen Einfluss nehmen können. (Dabei braucht man nur an Eindrücke eines Säuglings während einer Autofahrt zu denken oder die eines Jugendlichen in der Disko).

Renate Zimmer, Professorin für Sport an der Universität Osnabrück, warnt vor einer Verkopfung des Lernens, also einer Einschränkung des Bildungsbegriffes auf kognitive Fähigkeiten, die bereits in den Kindergärten Einzug gehalten habe.

Das Kind lernt jedoch über Wahrnehmung und Bewegung, über konkretes Handeln und über alle Sinne. Um beispielsweise schreiben zu können, muss das Kind feinmotorisch geschickt sein und über eine ausreichende Auge-Hand-Koordination verfügen. Aber auch der Bewegungssinn und der Raumlagesinn spielen dabei eine Rolle.

„Die Bedeutung von Buchstaben kann ein Kind nur dann erkennen, wenn es ihre Lage im Raum einordnen kann. So unterscheiden sich zum Beispiel die Buchstaben p und q, d und b nicht in ihrer Gestalt, sondern nur in ihrer jeweiligen Lage voneinander. Das Erkennen der Raumlage und der räumlichen Beziehung bilden die Voraussetzung zur Einordnung der Zeichen in die Welt der Buchstaben. Um diesen Schritt zu bewältigen, muss sich das Kind aber zunächst einmal selbst -über seinen Körper und dessen Bewegung- im Raum orientieren und mit seiner Umgebung auseinandersetzen können."[34]

Ein Kind will nicht belehrt werden, sondern seine eigenen Erfahrungen machen, und die macht es durch Eigentätigkeit. Alle Sinne sind daran beteiligt. Um etwas erforschen zu können, reicht es nicht, dass ich es sehe oder höre. Das Kind muss sich mit seiner Seele mit den Eindrücken der Außenwelt verbinden, sonst huscht es über die Eindrücke hinweg. Das kann man am besten über den Bewegungssinn verdeutlichen. Beim Schaukeln, Wiegen, beim Klettern und Seilspringen ist das Kind ganz bei sich, dadurch hat es eine Wahrnehmung seiner Bewegung. Fehlt sie, werden die Bewegungen unpräzise,

---

[34] R .Zimmer in: Kindergarten heute, Heft 3/2003

fahrig und unkontrolliert. Deshalb bedeutet, den Bewegungssinn zu schulen eben nicht toben, denn da sind die Bewegungen meist unkontrolliert und die Kinder geraten außer Rand und Band. Sie verlieren sich in der Außenwelt.

Der Bewegungssinn wird aber auch bei feinmotorischen Tätigkeiten entfaltet. Beim Basteln, Stricken, Hämmern, bei Fingerspielen, aber genauso wenn das Kind beim Kochen oder Reparieren hilft.

Zum Gleichgewichtssinn gehört die Erfahrung des dreidimensionalen Raumes. Sich im Gleichgewicht fühlen, führt zu innerer Ruhe. Unsere Sprache gebraucht deshalb als Zeichen des seelischen inneren Gleichgewichtes Ausdrücke wie „im Lot sein". Schon beim Säugling entsteht durch das Gewiegt-werden und die damit verbundene Stimulation des Gleichgewichtsinns ein Gefühl der Verlässlichkeit und Sicherheit.

Schwere und Leichte finden beim Balancieren, Hüpfen oder Einrad fahren ein ausgewogenes Verhältnis zueinander.

Der Tastsinn ist wesentlich für das Erleben der eigenen Grenzen. Unser ganzer Körper, d.h. unsere ganze Hautoberfläche, ist Sinnesorgan. Über den Tastsinn nehme ich nicht nur die Außenwelt wahr, sondern auch mich selbst. Ohne Tasterlebnisse entsteht Angst.

Kindsein heißt tätig sein und die Welt mit allen Sinnen erfahren

(Man stelle sich nur einmal vor, man habe keinen Tastsinn. Es würde das Gefühl entstehen, sich in einem vollkommenen Vakuum zu befinden.) Über die Anregung des Tastsinns entsteht Sicherheit im eigenen Körper, das Kind findet Halt in dem Raum, der es umgibt. Es erlebt: Diesseits der Grenze bin ich, jenseits ist das andere, dadurch entsteht Selbsterleben und gibt die Basis für weitere seelische und geistige Autonomieschritte. Daher ist die sanfte, aber gerichtete Berührung für den Säugling so wichtig, genauso wie die zärtliche Fürsorge. Deshalb ist es wichtig, dass Kinder mit Matsch spielen, sich im Sand einbuddeln, Hefeteig kneten, barfuss laufen und gestreichelt werden.

Sinnesreize, denen das Kind passiv ausgesetzt ist, verursachen Stress. Wenn es sich den Sinneseindruck aber zu eigen macht, bewusst hört (lauscht), schmeckt und ertastet, indem es handelt, wird er für das Kind handhabbar und kann integriert werden. Es muss die Welt für sich erfahrbar machen. Im aktiven Tun sind die Kinder konzentriert bei der Sache und gleichzeitig ganz bei sich. Wenn für „Stressbewältigungskompetenzen" aber „Stressbewältigungstrainings" in Form von Entspannungstechniken, progressiver Muskelrelaxation oder Ähnliches als Lösung angesehen werden, so unterliegt man meiner Meinung nach einem Trugschluss.

Kinder, deren Tag von unverarbeiteten Sinnesreizen geprägt wird, die meistens zum passiven Aufnehmen von Informationen verdammt sind und denen dann zur Entspannung häufig Medienkonsum angeboten wird, ist nicht geholfen, wenn man dem wiederum mit Passivität begegnet. Lösungen können nur in einer alle Sinne ansprechenden aktiven Zugewandtheit zur Welt liegen.

„Der Mensch gewinnt sein Menschsein nur am Mitmenschen."

Ernst Schuberth

Zur Förderung von emotionaler Intelligenz

Was versteht man unter emotionaler Intelligenz? Nach der Definition von Daniel Goleman, der diesen Begriff geprägt hat, bedeutet es, dass man seine emotionalen Impulse zu zügeln vermag, dass man die inneren Gefühle eines anderen deuten kann, dass man Beziehungen geschickt handhaben kann und - hier zitiert er Aristoteles - dass man die seltene Fähigkeit besitzt, „gegen die rechte Person, im rechten Maß, zur rechten Zeit, für den rechten Zweck und auf rechte Weise zornig zu sein."[35]

Seit es Menschen gibt, haben sie ihr Fundament an emotionalen und sozialen Fertigkeiten über den Umgang mit dem Menschen gelernt. Natürlich sind in erster Linie die Eltern maßgebend dafür, ob ein Kind einen Zugang zu seiner Gefühlswelt bekommt. Belächelt der Erwachsene jeden Wutanfall, tut Kummer mit „ist nicht schlimm" ab oder bestraft das Kind für seine Gefühlsausbrüche, so wird das Kind seinen eigenen Gefühlen misstrauen und sie möglicherweise unterdrücken. Das ist nicht neu, mit diesem Phänomen beschäftigen sich Menschen spätestens seit es die Psychoanalyse gibt.

Aber Kinder haben es in dieser Hinsicht noch aus anderen Gründen im Allgemeinen heute schwerer als früher. Kinder sind heute viel mehr allein, vor allem, weil die Geschwister fehlen. Die Großfamilie gibt es kaum noch und man findet schwer ad hoc Spielgefährten, wenn einem gerade danach zu Mute ist, ohne sich lange zuvor verabreden zu müssen. Stattdessen sind die Kinder auf sich selbst angewiesen und auf das, was man ihnen anbietet, um ihre Erfahrungen mit der Welt zu machen.

Kinder können nur im Umgang mit dem Mitmenschen lernen, ihre Gefühle und Befindlichkeiten zu deuten, um Hunger nicht mit Ärger zu verwechseln und Müdigkeit nicht mit Traurigkeit und genauso können sie nur im unmittelbaren Kontakt lernen, die Gefühle, die andere haben, zu deuten und adäquat darauf zu reagieren. So lernen sie Empathie, nur so lernen sie ihre spontanen Gefühle nicht nur wahrzunehmen, sondern auch zu beherrschen. Grundlage hierfür ist aber, wie schon oben erläutert, die ausreichende Ausbildung ihrer Sinne.

Fehlt das menschliche Vorbild, kann ein Kind dann über ein Nicht-Ich, d.h. über Medien, emotionale Intelligenz entwickeln? Die Erfahrung bestätigt, dass das nicht möglich ist. Es gibt vermehrt Kinder, die kein „soziales Verständnis" besitzen, gemeint in dem

---

[35] Daniel Goleman, Emotionale Intelligenz

Sinne, dass sie zwar bei der Abbildung eines Menschen, Mund, Auge und Ohr zu erkennen vermögen, aber nicht den seelischen Zustand benennen können, den das menschliche Antlitz ausdrückt. Ebenso wenig kann die seelische Färbung bei der Aussage eines Menschen nicht verstanden werden, das „Wie" des Gesprochenen kommt nicht an, nur das „Was". Es handelt sich hier um eine schwere Störung, um Seelenblindheit, die in gewisser Hinsicht so gravierend sein kann wie die physische Blindheit. Das Erleben der Welt wird erst persönlich durch das Gefühl. Insofern können wir es berechtigterweise als das Zentrum unserer Persönlichkeit bezeichnen. Und das im Zeitalter der „Coolness"? Wir sind doch eher geneigt unsere Gefühle zu unterdrücken, oder sie zumindest nicht zu zeigen, als sie wirklich wahrnehmen zu wollen. Oft werden sie erst dann bemerkt, wenn sie sich als somatische Erscheinung zeigen, wenn Angst zur Diarrhöe wird und Wut zu Magenschmerzen führt.[36]

In welchem Maße die Medien, wenn sie zu früh oder zu dominant Teil der Kindheit werden, hier Entwicklungsmöglichkeiten beschneiden, ist meiner Meinung nach noch nicht abzusehen.

Aber nicht nur für das Kind kann im Extremfall hoher Medienkonsum zur Gefahr werden, seelisch zu verarmen. Auch für den Jugendlichen wirkt sich der hohe Konsum gerade von Computerspielen besonders verheerend aus, in einem Alter, in dem er besondere Unsicherheiten in Bezug auf sein Gefühlsleben durchlebt, weil er auf der Suche nach seiner eigenen Identität ist und insofern viele Möglichkeiten bräuchte, zum Beispiel über Literatur und Lyrik, insbesondere aber über den Kontakt zu anderen Menschen, sich selbst, seine Gefühlswelt und die anderer kennen zu lernen. Computerspiele mögen Reaktionsvermögen, Aufmerksamkeit oder ähnliches schulen, aber mit Sicherheit nicht das Einfühlungsvermögen in andere Menschen. Darauf sind diese Spiele nicht angelegt. Der Inhalt der Spiele berührt emotional nicht, die virtuellen Gegner, die der Spieler zu besiegen hat, rufen eine solche Reaktion nicht hervor. Der Spieler verspürt den Ehrgeiz, so viele Gegner wie möglich zu töten, aber er hat keine Empathie mit diesen. Das würde dieser Art von Spielen geradezu zuwiderlaufen. Emotional ist er nur auf sich selbst fixiert, aber auch dort nur in Bezug auf seinen Erfolg oder Misserfolg bei der Beseitigung der Gegner. Der Jugendliche muss hier nicht seine Gefühlswelt beherrschen, sondern nur das Medium an sich. Durch exzessiven Konsum dieser Spiele wird nicht nur – wie neuere Untersuchungen ergeben haben – eine größere Toleranz gegenüber Gewalt erzeugt, der Jugendliche vermeidet gleichzeitig echte soziale Erfahrungen, in denen ihm sein Verhalten gespiegelt werden würde. Komplexe soziale Situationen, wie sie nur der reale Alltag bietet, ermöglichen aber erst, sich selbst und das eigene Verhalten in Frage zu stellen, an und mit den Mitmenschen zu lernen, sich selbst kennen zu lernen und Verhaltensalternativen zu erproben.

---

[36] Ein anderer interessanter Aspekt sei hier nur am Rande erwähnt: P. Winterhoff-Spruck beschreibt in seinem Buch „Kalte Herzen" den Menschen, der Gefühle nicht mehr empfindet, sondern nur noch inszeniert, als den neuen Sozialtypus. Heimlicher Erzieher dieses Typus sei das Fernsehen, das den Menschen lehrt, seine Gefühle zu verkaufen.

Computerspiele werden ausgefeilter, verführerischer und suggerieren immer mehr Lebensnähe. Der Einfluss, den man als Spieler zu haben scheint, die Spiele zu bestimmen, wird vermeintlich immer größer.

Kämpfte man bislang noch auf Seiten der „Guten", so erfahren wir über die Videospielserie „Grand Theft Auto IV (2008)" in verschiedener Hinsicht von ganz neuen Dimensionen: Bei diesem Spiel versucht man als Soziopath in der Mafia-Hierarchie aufzusteigen. Lustvolles Töten und Zerstören wird hier glorifiziert (Kritiker sprechen bei diesem Spiel vom „virtuellen Ausbildungslager für Verbrecher"), und nicht genug damit wurde die technische Qualität dieser Spiele so verbessert, dass sie immer weiter an Trickfilmniveau heranreichen. Der Spieler bewegt sich hier nicht mehr durch mehr oder weniger enge Korridore, sondern wird mitten in ein virtuelles New York versetzt. Der Anbieter verspricht mehr Freiheit, weil sich der Spieler entscheiden kann, ob er der Geschichte folgen will, lieber mit dem Auto Passanten überfahren, über die Highways donnern oder in einen Stripteaseclub gehen will. Der Held dieser Spiele ist ein serbischer Kriegsveteran. Der Hersteller sieht Gewalt und Gesetzesbruch als Metapher für „Freiheit und fehlende Vorhersagbarkeit". Das „beliebteste Spiel aller Zeiten" wurde bereits eine Woche nach seinem Erscheinen allein in den USA 7 Millionen Mal verkauft.

Neurologische Studien legen nahe, dass bei Spielen wie diesem oder den vielleicht bekannteren wie „Virtual Fighter" der Botenstoff Dopamin in erhöhtem Maße ausgestoßen wird. Die daraus folgende Stimulation positiver Gefühle verstärkt die Bereitschaft, Konflikte durch Gewalt zu lösen.

In den sogenannten Chat-Rooms wird der so entstehende Mangel an sozialen Kontakten nur scheinbar wettgemacht. Nicht nur, dass sich die Jugendlichen oft gegenseitig Schein-Identitäten vorgaukeln, die Wahrnehmung des anderen ist eben auch enorm eingeschränkt. Denn man erlebt sein lebendiges Gegenüber über viele Sinne, im Chat-Room erfahre ich höchstens intellektuell etwas über dessen Gefühle und Gedanken – vorausgesetzt, er sagt mir überhaupt die Wahrheit.

Sind wir nicht alle mehr oder weniger seelenblind auch in Bezug auf unser eigenes Seelenleben? Es mangelt uns auf jeden Fall an der Ausbildung von Gefühlskultur, ohne deren Ausbildung unsere Kinder seelisch zu verdorren drohen. Eine schwerpunktmäßig intellektuelle Förderung, die man dadurch auszugleichen versucht, dass man die Kinder zu sportlicher Betätigung anhält, führt zu einer verheerenden Einseitigkeit, die dem ganzen Menschen nicht gerecht werden kann. Wen wundert es, dass Kinder zunehmend nervöser und reizbarer werden, trauriger und einsamer und die Gewaltbereitschaft unter den Kinder und Jugendlichen immer größer wird? Und doch: Unsere Kinder sind nicht so schlimm, wie es uns die Medien glauben machen wollen.

Wenn wir nicht jedes „Spaßkämpfchen" (so die Kinder) sanktionieren, sondern die Kinder dadurch, dass sie sich aneinander messen können, Kraft erproben und Rangfolgen abstecken lassen, verhindern wir sicher so manche gewalttätige Auseinandersetzung, die oft nur aus dem angestauten Bedürfnis, sich selbst behaupten oder sich selbst erleben zu wollen, resultiert.

Außerdem können Kinder lernen - auch wenn es dabei gelegentlich etwas wilder zugeht - ihre Konflikte ohne die direkte Einmischung der Erwachsenen untereinander auszutragen. Sie lernen in der Regel mit ihren Kräften und auch mit ihren Aggressionen umzugehen, wenn sie ihre Konflikte untereinander lösen müssen; sie lernen, sich wieder zu vertragen, sie lernen verzeihen, sie lernen, sich an selbst gesetzte Regeln zu halten und sie lernen, dass Freundschaft dadurch, dass man Konflikte miteinander aushandeln und aushalten lernt, gefestigt werden kann.

Dass zunehmend von Auseinandersetzungen auf den Pausenhöfen berichtet wird, bei denen Kinder und Jugendliche völlig über die Stränge schlagen und noch auf den bereits am Boden liegenden Kontrahenten eintreten, scheint mir kein Widerspruch zu dem eben Gesagten zu sein, sondern nur eine Folge des Mangels an echten Erfahrungen mit anderen Kindern. So greifen sie auf ihre Scheinerfahrungen, vermittelt durch das Fernsehen, zurück.

Wir wissen doch von uns selbst, wie schwierig es ist, starke Gefühle unter Kontrolle zu haben, wie oft durchschauen wir sie nicht. Eine unbändige Wut kann einen übermannen mit einer solchen Wucht, dass wir nicht in der Lage sind, darüber nachzudenken. Es bedarf einer echten Reife, so weit aus sich herauszutreten, dass wir unsere Gefühle objektiv betrachten können. Und nur so können wir sie beherrschen. Wie oft verlangen wir das aber von den Kindern! Wenn Kinder ihre Gefühle nicht artikulieren können, weil immer Rücksichtnahme, Gleichmut und Angepasstheit von ihnen erwartet wird, können sie sie nicht für sich handhabbar machen. Das verlangt aber vom Erwachsenen eine gehörige Menge an Empathie, denn es reicht nicht, wenn wir intellektuell verstehen, warum ein Kind Wut empfindet, wir müssen seine Wut auch ein Stück weit mitempfinden können.

Das wiederum setzt aber voraus, dass wir uns in unserer eigenen Gefühlswelt auskennen. Die Ausbildung und Pflege eines gesunden Gefühlslebens, aus dem heraus wir Kenntnisse über uns selbst, aus dem wir Mitgefühl und Verständnis für den Mitmenschen entwickeln können, müssen in der Erziehung unserer Kinder ihren angemessenen Platz finden.

„Gefühle sind wie aufgespannte Saiten eines Instruments. Sie verbinden uns mit allem, was wir denken und tun, mit allem, was uns begegnet - mit uns selbst und mit der Welt. Sie sind das mehr oder weniger harmonische Beziehungsnetz von angespannten, entspannten oder gerissenen Saiten, die die Melodie unseres Seelenlebens bestimmen. So kommt dem Stimmen dieser Saiten, der Arbeit am Gefühlsleben eine zentrale Bedeutung zu…"[37]

---

[37] Michaela Glöckler, Macht in der zwischenmenschlichen Beziehung, S. 5

Unterschätzen wir heute das gut ausgebildete Gefühlsleben nicht? Einseitig intellektuell ausgebildete, rational handelnde Menschen, denen wir gelegentlich einen Schuss Sentimentalität zugestehen, können nicht das Ideal einer modernen Erziehung verkörpern!

Lassen wir nicht außer Acht, dass auch bei ganz rationalen Erwägungen unsere Gefühle dafür verantwortlich sind, welche Entscheidungen wir treffen. „Bloße Logik, losgelöst vom menschlichen Gefühl, ist unzureichend für die Wertung von Faktoren bei einer Entscheidung und damit auch für ihre Bedeutung."[38]

Eine Möglichkeit für ein Kind, Empathie zu lernen, ist das Rollenspiel. Ich möchte Ihnen ein Beispiel geben, wie Kinder im Spiel - in diesem Fall in der therapeutischen Situation - nicht nur ihre Traumatisierungen bearbeiten, sondern auch Einfühlungsvermögen und Verständnis für den anderen zu entwickeln suchen.

Martina, ein 12jähriges Mädchen, wohnt seit dem 4. Lebensjahr in einer Pflegefamilie. Sie hat eine Entwicklungsstörung auf Grund des Alkoholmissbrauchs der Mutter während der Schwangerschaft. Zusammen mit ihrer Schwester wurde sie aus der Ursprungsfamilie herausgenommen, weil die leiblichen Eltern nicht in der Lage waren, sich ausreichend um Martina und ihre kleine Schwester (damals 2 Jahre) zu kümmern. Die Kinder waren verwahrlost, unterernährt und konnten kaum laufen. Sie mussten die meiste Zeit in ihren Gitterbetten verbringen, die Mutter ließ sie sehr oft über viele Stunden allein, während sie ausging.

Martina spielt in der Therapie viele Male diese traumatischen Situationen: Sie ist das Baby zu Hause, eine Puppe ist Stellvertreterin für die Schwester, ich spiele die Mutter. Laut ihren Anweisungen lasse ich – als Mutter – die Kinder allein zu Hause. Während ich weg bin, kommt ein Räuber (ebenfalls ich) und nimmt die Kinder mit. Während vieler Therapiestunden spielt sie alle Varianten dieser Situation: Der Räuber hält die Kinder gefangen, er tötet die Kinder, bis sich die Geschichte dahin entwickelt, dass die Kinder stark genug sind, sich zu schützen, sich verteidigen zu können, beziehungsweise den Räuber selbst gefangen nehmen.

Damit hat Martina ein wichtiges Ziel erreicht, nämlich sich nicht mehr dem Erlebnis hilflos ausgeliefert zu fühlen.

Interessant für unser Thema „emotionale Intelligenz" ist die Fortsetzung dieses Spiels. Jetzt wechselt sie nämlich die Rollen: Sie spielt die Mutter und erlebt stellvertretend den Schmerz der Mutter beim Erkennen der eigenen Unfähigkeit, ihre Kinder zu schützen, sie erlebt den Verlust der Kinder und spielt ebenfalls das Bemühen der Mutter (oder das, was sich Martina von der Mutter gewünscht hätte), eine auf ihre Weise gute Mutter sein zu wollen, indem sie, bevor sie geht, den Kindern süße Milch da lässt. Damit erhält

---

[38] Colleen Cordes, Edward Miller, Die pädagogische Illusion, S. 38

sie sich intakte Anteile des mütterlichen Bildes und erübt Empathie („Sie kann ja nicht immer bei den Kindern bleiben, sie muss ja auch mal weg".)

Jedes Rollenspiel, (also keinesfalls nur das, welches von der therapeutischen Situation begünstigt in Erscheinung tritt), in dem sich das Kind in die Rolle eines anderen hinein zu versetzen versucht, ist eine Einübung in Empathie. Das Kind versetzt sich dadurch in die Lage und in die Erwartungen des anderen. Es lernt Gefühle zu deuten. Es fühlt sie nach oder auch vor. (Das heißt, es übt sich in Gefühlen, die es noch nicht kennt.)

Eine wichtige Übung für Schauspieler ist die, die Haltung, Mimik und Gestik eines anderen Menschen zu übernehmen oder auch seine Art zu gehen, um ein vertieftes Verständnis seiner seelischen Konfiguration zu erlangen. Das ist eine Übung, die ich selbst in der therapeutischen Arbeit für das Verständnis meiner kleinen Patienten anwende, um dadurch einen von intellektuellem Verständnis abgehobenen, unverstellten Blick zu bekommen für das Wesen des anderen oder zumindest seine momentane Befindlichkeit.

Das gleiche tut unbewusst das Kind in jeder Form des Rollenspiels, ob es nun mit Puppen spielt, in Handpuppen schlüpft, selbst die Rolle des anderen einnimmt im freien Spiel mit anderen, ob es Theater spielt oder auch nur in seinen Fantasiegeschichten verschiedene Rollen übernimmt. Je mehr Gelegenheiten das Kind erhält, diese Art von Erfahrung zu machen, auch in der Beobachtung der anderen Kinder im gemeinsamen Spiel, desto reicher wird sein Innenleben werden, desto mehr Verständnis und Mitgefühl wird es für den anderen Menschen entwickeln. Außer dem Vorbild des Erwachsenen ist das Spiel das Mittel, durch das das Kind Moralität lernt. Durch Gebote, Verbote und Ermahnungen lernt es dies nicht.

Eine Welt für sich ist jeder Mensch, bevölkert
Von blinden Geschöpfen, in dunkler Aufruhr
Gegen das Ich, den König, der über sie herrscht.

Gunnar Ekelöf

Die Heilkräfte des Spiels – ein therapeutischer Ansatz

Im therapeutischen Rahmen verdichtet sich vieles, was auch sonst, zu Hause, im Kindergarten oder bei anderen Gelegenheiten, bei denen Kinder spielen, beobachtet werden kann. Deshalb mag es in diesem Zusammenhang interessant sein, hier einen kleinen Einblick in das bedeutungsvolle und konzentrierte Verhalten von Kindern bei einer Spieltherapie zu geben, um eine Einschätzung für die Bewältigungsstrategien der Kinder beim Spielen allgemein zu bekommen.

In therapeutischen Zusammenhängen, jedenfalls bei einer tiefenpsychologischen Arbeitsweise, hat das Spiel bei der Arbeit mit Kindern eine ganz zentrale Bedeutung. Je jünger Kinder sind, desto weniger sind sie in der Lage, ihre Gefühle, ihre Schwierigkeiten und Ängste zu verbalisieren. Genau so wie ein gesundes Kind seine Wirklichkeit, seine Erfahrungen im Spiel verarbeitet und Handlungsmöglichkeiten erprobt, verhilft der Therapeut dem Kind, seine Erlebnisse zu symbolisieren, Distanz dazu zu gewinnen und seine Ich-Identität zu stabilisieren. Dabei spielt die Puppe eine entscheidende Rolle. Wenn das Kind das, was es nicht verarbeiten kann, im Spiel auf die Puppe überträgt, so ist das viel weniger ängstigend. Die Puppe als Alter Ego bietet die Möglichkeit, sich selbst wahrzunehmen und Distanz von anderen Identitäten zu gewinnen. Sie ist Stellvertreter des Kindes und erlaubt es ihm, das, was es an Zerstörungswillen, an Aggression und an Wut in sich trägt, zu artikulieren und auszuagieren, ohne dass es sich deshalb mit Schuldgefühlen belasten muss oder die Konsequenzen aus seinem destruktiven Handeln tragen muss.

Dazu ein Beispiel: Andrea, ein 5jähriges Kind, das mit der Tatsache fertig werden muss, dass ein Geschwisterkind es von seinem Platz als konkurrenzloser Liebling der Familie verdrängt, wird vorgestellt, weil es seit der Geburt der Schwester wieder einnässt und autoaggressive Tendenzen zeigt, indem es sich in unbeobachteten Momenten Haare ausreißt. Die Vermutungen der Eltern über die Ursachen dieses Verhaltens gehen in verschiedene Richtungen. Sie betonen aber einhellig, dass Andrea ihre kleine Schwester sehr liebe und keinerlei Eifersucht zeige. Im therapeutischen Spiel - es geht dabei um eine Königsfamilie mit zwei Prinzessinnen, deren jüngste Tochter nur scheinbar schön und gut ist, in Wirklichkeit aber immer die ältere Prinzessin in Schwierigkeiten bringt - wird deutlich, in welchem Maße Andrea, dieses zarte, immer freundlich lächelnde kleine Mädchen, ungeahnten, unbändigen Zorn in Bezug auf die kleine Schwester in sich trägt. Es war beeindruckend zu sehen, wie sich Andrea, kaum hatte die Mutter das Therapiezimmer verlassen, verwandelte. Sie wurde zur mitleidlosen Rächerin der großen Prinzessin. Die kleine Prinzessin wird nicht nur ins Gefängnis geworfen, sie wird auch mit glühenden Nadeln so lange gestochen, bis sie stirbt. Es fließt viel Blut in den Sitzungen und Andrea verlässt immer hoch befriedigt am Ende der Stunde das Schlachtfeld. Man kann ermessen, wie viel Enttäuschung, Wut und Eifersucht sich in der kleinen Andrea angestaut haben muss, die keinen Raum bekommen hat zum Beispiel dadurch, dass die Mutter in bester Absicht, aber entgegen den Bedürfnissen Andreas, jede Art von aggressivem Spiel freundlich, aber bestimmt unterbunden hat.

Würde man eine Verbindung herstellen zwischen ihrem Spiel und den Gefühlen ihrer kleinen Schwester gegenüber (was selbstverständlich nicht geschieht), wäre Andrea sicher erschrocken, denn Andrea liebt ja die kleine unschuldige Schwester, sie ist sich anderer Gefühle nicht bewusst, sie hat gelernt, diese Gefühle zu verdrängen, und weil sie damit auch nicht fertig wird, richtet sie ihre Wut gegen sich selbst. Dadurch, dass sie im therapeutischen Schonraum diese Gefühle ausagieren kann und sich damit von ihnen befreit, dadurch, dass ihre Wut als etwas Verständliches und Berechtigtes anerkannt wird und im Gespräch mit den Eltern Verständnis geschaffen wird für Andrea, ist die Symptomatik bald verschwunden.

Um einem Missverständnis vorzubeugen – Eltern sollten und könnten als Therapeuten ihrer Kinder fungieren –, möchte ich die Unterscheidung zwischen der Teilnahme der Eltern am kindlichen Spiel von der des Therapeuten hervorheben:

Im therapeutischen Raum wird es möglich, direkt mit dem Unbewussten des Kindes in Verbindung zu treten. Das heißt, Therapeut und Kind aktualisieren keine Alltagsgeschichten, sondern treffen sich im Spiel auf einer erhöhten, symbolischen Stufe. Auf eine Deutung dem Kind gegenüber wird verzichtet. Der Therapeut spielt (sofern das Kind es verlangt) mit dem Kind nach dessen Anweisung und agiert dabei auf verschiedenen Ebenen: Einerseits ist er engagierter Mitspieler, der an seiner Puppe und durch sie alle Gefühlsqualitäten mitempfindet, die das Kind in sie hineinprojiziert, aber gleichzeitig nimmt er eine übergeordnete Position ein, in der er zu verstehen sucht, was das Kind ihm unbewusst mitteilt, und er muss kreative Lösungsmöglichkeiten nicht nur voraus denken, sondern gleich „ins Spiel" zu bringen versuchen. Allerdings hat er dabei dem Tempo des Kindes zu folgen, denn vorschnelle Lösungen können vom Kind nicht akzeptiert werden, wenn sie beispielsweise noch zu große Ängste auslösen. Bei diesem Tun braucht er nicht nur das Wissen, sondern auch die Distanz des professionellen Helfers.

Dass therapeutische Spielsituationen dennoch hier so ausführlich geschildert werden, hat den Grund, dass das Spiel in der Therapie eben außerordentlich verdichtet ist und unter der direkten Beobachtung des Therapeuten steht. Dadurch lassen sich die Möglichkeiten des kindlichen Weltverstehens ebenso verdeutlichen, wie auch dessen Problembewältigung. Inhaltlich jedoch unterscheidet sich das Spiel hier nicht vom normalen Spiel des Kindes – vorausgesetzt, das Kind hat den seelischen und zeitlichen Raum dazu.

Im Spiel strukturiert das Kind seine Ich-Grenzen. Damit erlangt es Identität und Wachstum. Kann es diese Grenzen nicht finden oder wird ihm verwehrt, sie auszubilden, hat das erhebliche Folgen für die seelische Gesundheit des Kindes. Ich möchte auch dieses Phänomen an einem Beispiel verdeutlichen:

Martin, der 10jährige Sohn einer allein erziehenden Mutter, leidet unter Schulangst, er klagt morgens über Bauchschmerzen und weigert sich vehement, in die Schule zu gehen. In der Schule ist Martin zwar ein Einzelgänger, aber es gibt keine so erheblichen Schwierigkeiten, dass damit seine Angst erklärt werden könnte. Er neigt – vor allem in der Öffentlichkeit – dazu, seine Mutter mit oppositionellem Verhalten bloßzustellen. Seinen aggressiven Ausbrüchen ist die Mutter, auch rein körperlich, hilflos ausgeliefert.

Bei der Anamneseerhebung stellt sich heraus, dass der Junge wenig Kontakt zu Gleichaltrigen pflegt. Er verbringt die meiste Zeit mit der Mutter, schläft auch nachts in ihrem Bett. Für die zurückgezogen lebende Mutter ist Martin oft der engste Vertraute. Seine Mutter steht dem Verhalten Martins ratlos gegenüber, ihr Sohn sei doch bisher immer so „pflegeleicht" gewesen.

Im Spiel ist Martin über viele Sitzungen damit beschäftigt, Grenzen aufzubauen. Im Mittelpunkt seines Spiels steht immer ein König, der von verschiedenen Seiten bedroht wird. Er ist allein und hat dafür Sorge zu tragen, dass die Mauern seines Schlosses hoch genug sind, dass genügend Wachleute das Schloss verteidigen und ausreichend viele Waffen zur Verfügung stehen. Martin installiert komplizierte Warnsysteme und magische Verteidigungsringe. Es wird deutlich, dass der Junge auf Grund der symbiotischen Beziehung zur Mutter sein Ich nicht in entsprechender Weise etablieren konnte. Seine Ich-Entwicklung ist auf einer früheren Stufe stehen geblieben, sodass er keine Autonomie gegenüber der Mutter erlangen konnte.

Das Phänomen der Grenzen, innerhalb derer sich Kinder ihren Eigenraum bauen, ist in vielen Kinderspielen zu beobachten. Es ist beim Höhlebauen ebenso Motiv wie beim Spiel mit der Ritterburg.

Es ist immer wieder verblüffend, wie genau die Kinder „wissen", was sie brauchen. Gesunde Kinder suchen die für sie gerade wesentlichen Themen bei ihren Spielen ebenso aus wie kranke Kinder, die bereits in den allerersten Spielen dem Therapeuten ihre Problematik enthüllen und gleichzeitig auch, auf welche Weise sie sie zu bearbeiten gedenken.

So auch Martin, dessen Unterbewusstsein „weiß", dass er lernen muss, sich von der Mutter abzugrenzen, um sein Ich adäquat entwickeln zu können. In der Realität kann er das nicht, seine Schulangst ist darin begründet, dass er die Mutter nicht alleine lassen will. Seine aggressiven Ausbrüche sind verzweifelte Versuche, sich aus dieser Symbiose zu befreien, ebenso seine Versuche, die Mutter in der Öffentlichkeit bloßzustellen. In mühsamen Schritten lernt er in der Therapie seine Autonomie zu entwickeln, sich abzugrenzen, aber auch als König autark zu handeln und gleichzeitig auf seine komplizierten Abwehrmechanismen verzichten zu können. Er modelliert in der Therapie einen König, dem er starke und mächtige Attribute verleiht. Anhand der gespielten Geschichten wird der Mutter die Problematik einsichtig und sie findet zu anderen Umgangsweisen mit Martin.

Repräsentant der Ich-Funktion im Spiel ist meist, wie auch in diesem Beispiel, der König, oft ist es ein - unterschiedlich definierter - Held, mitunter auch der Kasper (dieser ist im Spiel übrigens niemals eine komische Figur, sein Einsatz schwankt zwischen Dummling, tragischer Held und unantastbarer Herr der Situation), gelegentlich wird das Ich auch durch ein starkes Tier, wie zum Beispiel den Löwen, repräsentiert.

Den Kindern stehen in der Therapie vor allem Handpuppen zur Verfügung. Zwar kann jede Puppe und jedes Stofftier Projektionsfigur für das Kind sein, allerdings unterscheidet sich die Handpuppe durch ihre Handhabbarkeit und macht sie dadurch besonders geeignet. Dadurch, dass das Kind mit der eigenen Hand der Puppe Körperlichkeit verleiht, Puppe und Hand somit quasi identisch werden, ist primär zwar eine deutliche Identifikation gegeben, gleichzeitig bleibt die Puppe aber Objekt. So bleibt die Möglichkeit, sich von der Puppe auch wieder distanzieren zu können.

„Da beim Menschen die Hand das vom Bewusstsein her am weitesten bestimmbare Organ ist, über das er sich durch Hantieren seine Objektwelt mit ihren Sachbezügen aufbaut, bleibt zwischen der Puppe als Objekt mit eigenen Aktionen und dem Selbstverständnis des Subjekts Spieler ab einer gewissen Höhe der Bewusstseinsentwicklung immer eine Distanz erhalten, die unter anderem darin gründet, dass der Spieler weiß, dass er mit seinen Händen etwas tut."[39]

Dass Handpuppen sich aus dieser Sicht insbesondere für größere Kinder auch zum Spielen zu Hause eignen, erklärt sich hiermit und aus der Tatsache, dass größere Kinder, vor allem Jungen, andere Puppen als „zu kindisch" ablehnen und auch das frühere Rollenspiel bereits abgelegt haben. Jedenfalls können Handpuppen für Kinder zu einer wesentlichen Bewältigungsstrategie ihres Lebens werden.

Zu Hause wie auch in der Therapie greifen Kinder dabei gerne zu Archetypen, als da sind: König, Prinzessin, Teufel, Hexe, Drache usw. Gewiss, diese Märchengestalten sind heute fern unseres Alltagslebens, aber da wir uns bei diesen Spielen ja auf einer

---

[39] Holgrid Gabriel, Das Puppenspiel in der Psychotherapie nach C.G. Jung in: Petzold, Hilarion (Hg.), Puppen und Puppenspiel in der Psychotherapie, S. 113

symbolischen Ebene bewegen, beschreiten wir damit ein Terrain, das über die unmittelbare Jetzt-Erfahrung hinausweist.

Archetypen sind Urbilder, die in allen Kulturen und Zeiten zu finden sind. Die Symbole und Gestalten der Märchen repräsentieren kollektive Grunderfahrungen, die allen Menschen eigen sind. Selbst wenn sie überhaupt keine Märchen kennen, verwenden die Kinder sie in ähnlicher Zuordnung. Wir tun den Kindern keinen Gefallen, wenn wir, um sie vermeintlich zu schonen, die bösen Gestalten, wie die Hexe, den Teufel und ähnliche Ungeheuer aus dem Kinderzimmer verbannen und die anscheinend grausamen Stellen in den Märchen den Kindern verschweigen. Wir verurteilen damit nur die destruktiven Triebe und unbewussten Aggressionen der Kinder, die so dringend ein Ventil benötigen.

Der König als Urbild des Ichs muss seine (inneren) Schätze gegen viele Einflüsse von außen verteidigen

In diesem Kapitel wurden nur in Grundzügen therapeutische Situationen geschildert. Selbstverständlich sind die familiären Zusammenhänge komplexer, die Interpretationen schwieriger und die Kinder so individuell, dass sich Muster nur begrenzt übertragen lassen, der Einsatz von Figuren muss bei jedem Kind anders gedeutet werden und ihre Spiele erzählen so viele verschiedene Geschichten, wie es Kinder gibt.

Was für den Alltag mit den Kindern daraus aber gelernt werden kann, ist, dass man die Spiele der Kinder nicht danach bewerten sollte, wie „schön" gerade gespielt wird. Gerade die verletzenden, schwierigen, Angst machenden Erlebnisse müssen im Spiel bewältigt werden. Deshalb braucht es den wachen, einfühlsamen Erwachsenen, der auch wilden und lauten Spielen ihren Platz gewährt.

Was vor allem in diesem Kapitel verdeutlicht werden soll, ist die Tatsache, dass Kinder sehr genau wissen, was sie brauchen und begierig zu dem Mittel greifen, das sie aus ihren Schwierigkeiten befreien kann: **Das Spiel.**

Mit diesen Ausführungen soll Ihnen natürlich nicht die Unbefangenheit genommen werden, bei Ihren Kindern zu Hause Spiel einfach zuzulassen statt ständig irgendwelche „Abgründe" dahinter zu vermuten oder gar deren Spiel zu interpretieren.

Im Übrigen können die Kinder sehr wohl zwischen dem häuslichen Spiel und der therapeutischen Situation unterscheiden, selbst wenn ihnen nichts dazu erklärt wird und sie sich nur auf ihre „Spielstunde" freuen. Sie erkennen sofort die besondere Atmosphäre, die ihnen diese Intensität im Spiel erlaubt.

Bedenken Sie aber, dass Spiel an sich schon Therapie ist.

Jedes spielende Kind benimmt sich wie ein Dichter, indem es sich eine eigene Welt erschafft oder, richtiger gesagt, die Dinge seiner Welt in eine neue, ihm gefällige Ordnung versetzt.

Sigmund Freud

Spielsachen

Spielzeug - Spiegel der Gesellschaft

Ist Spielzeug nur Zeug zum Spielen oder brauchen wir es, um das Zeug zum Spielen überhaupt erst zu entwickeln, d.h. dient Spielzeug dazu, die Spielentwicklung grundsätzlich zu fördern und wenn ja, welche Kriterien muss es dazu erfüllen?

Spielen ist immer spielen mit etwas, einem Partner, einem Tier, einem Ding, das das Kind spielend beseelt. Während eigentlich alles zum Spielgegenstand werden kann, ein Stück Holz genauso wie ein Stück Schnur, ein Tannenzapfen so gut wie ein alter Pappkarton, so gibt es auch Gegenstände, die zu nichts anderem gemacht sind als zum Spielen, Dinge, die manchmal selbst gefertigt, zumeist aber industriell hergestellt sind.

Wozu dient Spielzeug?

Fragen wir den Begründer der Kleinkinder- und Spielpädagogik, Friedrich Fröbel: Nach seinen Ausführungen soll Spielzeug die kindliche Fantasie wecken, es soll zur Selbsttätigkeit und Wertgestaltung anregen und es soll dazu dienen, dass das Kind alle Anlagen harmonisch entfalten kann.

Es kann keine Frage sein, dass Kinder Spielsachen brauchen. Nur, welche nötig sind, damit Kinder sich gesund entwickeln können, darüber besteht durchaus Uneinigkeit zwischen Pädagogen, Psychologen und der Spielwarenindustrie. Wir wollen einmal näher die gegenwärtige Situation untersuchen:

Kinder sind längst ernst zu nehmende Konsumenten geworden. Die deutsche Spielwarenindustrie erwartete für 2007 einen Umsatz von 3,4 Milliarden Euro.[40] Trends werden in der Spielwarenindustrie in einer solchen Geschwindigkeit produziert, dass erwachsene Zuschauer bei diesem Geschehen kaum noch hinterherkommen. Die Kinder schei-

---

[40] Jahres-Pressekonferenz der Spielwarenbranche 2007 in Nürnberg, 08.11.2007

© Marie Marcks

nen sich – wenn sie sich der Anerkennung ihrer Spielkameraden und Freunde sicher sein wollen – einem immensen Zwang zum Konsum aussetzen zu müssen. Die 6- bis 13-jährigen Kinder in Deutschland haben dafür jährlich immerhin 6,4 Milliarden Euro zur Verfügung[41], so hoch ist die Finanzkraft der Kinder jedenfalls im Jahre 2008.

---

[41] vgl. Tagesspiegel, Berlin, 13.08.2008

Spiel ist – wie wir gesehen haben – kein Zeitvertreib für Kinder, sondern Ernst und ist entscheidend vor allem für ihre seelische Gesundheit. Weil wir heute Spielwaren und Freizeitangebote in noch nie da gewesener Zahl zur Verfügung haben, stehen wir diesem Überangebot oft hilflos gegenüber.

Um eine Entscheidung darüber fällen zu können, wie das Spiel des Kindes in der rechten Weise unterstützt werden kann und welches Spielzeug man dem Kind deshalb zur Verfügung stellen will, ist es notwendig, das, was heute von der Spielzeugindustrie angeboten wird, einer kritischen Analyse zu unterziehen. Wir müssen uns eine eigene Meinung darüber bilden, ob mit dem angebotenen Spielzeug echte kindliche Bedürfnisse erfüllt werden oder ob und in welcher Weise deren Bedürfnisse für wirtschaftliche Zwecke von der Spielzeugindustrie missbraucht werden.

In diesem Zusammenhang ist es interessant, einmal nachzuvollziehen, ab welcher Zeit das Kind als Konsument entdeckt wurde und welche Strategien benutzt wurden, um sich einen neuen, inzwischen riesigen Industriezweig zu sichern.

Mit ihrer großen Finanzkraft sind Kinder ab 6 Jahren eine attraktive Zielgruppe für die Werbung. Aber auch bei den kleineren Kindern kann man werbestrategisch schon eine Menge erreichen, sind ja die Kindersendungen durchsetzt von Werbespots. Bei einem täglichen Fernsehkonsum von 2 Stunden kommt man in Deutschland monatlich auf 900 Werbespots, wie die Bundesverbraucherzentrale ausgerechnet hat. Die Slogans sind eingängig. Da besonders kleine Kinder Wiederholung lieben, sind sie bald ganz vertraut mit den angebotenen Produkten und erkennen sie selbstverständlich beim Einkaufen wieder.

Dennoch sollen diese Ausführungen nicht verstanden werden als Plädoyer für einen kompletten Konsumverzicht, sondern Hilfe sein, eine durchdachte, pädagogisch sinnvolle Auswahl im Dschungel der Spielwarenabteilungen zu treffen.

Dazu wollen wir uns die wesentlichen Spielsachen, die die Kinder in ihrer Kinderzeit begleiten, in ihren Funktionen für das Kind einmal genauer anschauen. In allen Kinderzimmern – mögen sie noch so unterschiedlich sein – finden wir menschliche, menschenähnliche, tierische oder tierähnliche Figuren. Deshalb möchte ich exemplarisch darauf das Hauptaugenmerk richten. Meine Intention ist es, Eltern und Erziehern eine Möglichkeit zu geben, kritisch zu überprüfen, was tatsächlich sinnvoll für ihre Kinder ist. Ich möchte sie sensibilisieren für die wirklichen Bedürfnisse der Kinder und ihnen Mut machen, sich zum Wohle ihrer Kinder Modetrends zu widersetzen, wenn ihnen der pädagogische Wert des allerneuesten Spielzeugs nicht einsichtig ist.

Allzu oft lassen wir uns auch bei der Auswahl der Spielsachen von dem lenken, was Erwachsene „süß" finden oder dem, was scheinbar alle Kinder haben. Kriterium für ein sinnvolles Spielzeug kann aber immer nur sein, inwieweit es zu wirklichem Spiel anregt und inwieweit es mit unserem Erziehungsideal übereinstimmt. Und nicht zu vergessen:

Auch das Übermaß an „wertvollem" Spielzeug ist spielhemmend. Auf meine Fragen diesbezüglich geben mir Eltern meist zur Antwort, das Kind spiele ohnehin nur mit einem Drittel dessen, was es an Spielsachen in seinem Zimmer hat.

Schauen wir uns also einmal genauer an, was so die Spielzimmer bevölkert!

Teddybär und Co.

Die Geschichte des Teddybären ist vielen heute vielleicht gar nicht mehr bekannt.

So kam der Teddybär zu seinem Namen: Theodore (genannt Teddy) Roosevelt, Präsident der Vereinigten Staaten von Amerika zu Beginn des 20. Jahrhunderts, verschont bei der Jagd einen kleinen Bären mit der Bemerkung, wenn er ihn erschieße, könne er seinen Kindern nicht mehr in die Augen schauen. Von der Presse aufgegriffen, erscheint eine Zeichnung der Szene mit dem kleinen Bären auf den Hinterpfoten stehend. Ein Spielzeugfabrikant, Morris Michtom, vermarktet in Folge davon – mit Zustimmung des Präsidenten – einen Plüschbären unter dem Namen des Präsidenten, nämlich Teddy. Möglicherweise war Margarete Steiff die erste, die den Plüschbären in die kindliche Welt eingeführt hat, aber wesentlich für unsere Betrachtung ist die in Amerika stattgefundene und sich in die ganze Welt verbreitete effiziente Vermarktung eines Spielzeug in Zusammenhang mit einer bestimmten Person, mit einer einmaligen Geschichte. Damit ist eine ganz neue Ära der Kommerzialisierung auf diesem Sektor eingeleitet.

Aber eine raffinierte Marktstrategie allein erklärt nicht den Erfolg. Neu bei der Herstellung von Tieren, die den Kindern zum Spielen dienen, ist der Plüsch, das heißt, die Tiere bekommen ein Fell aus Wolle, das nicht geschoren ist, sondern flauschig weich, anschmiegsam und warm. Die meisten Teddybären zeichnen sich dadurch aus, dass sie ein kindliches Gesicht haben (hohe Stirn, runde Wangen, große Augen, kleine Nase, runder Kopf = Kindchenschema) und damit dafür prädestiniert sind, eine emotionale Beziehung des Kindes zum Spielzeug herzustellen.

Die Haltung des Teddybären, auf zwei Beinen stehend, die Arme nach vorne ausgestreckt, symbolisiert nicht mehr das Wilde, sondern ruft nach einer menschlichen Beziehung.

„Er (der Bär) wird durch die Handlung von Roosevelt vermenschlicht, er symbolisiert andere Dinge als das traditionelle Universum des Bären oder legitime Jagdbeute. Er ist Kind, ein kleiner Bär, bevor er Bär ist. Er symbolisiert die kindliche Zerbrechlichkeit und nicht die animalische Wildheit, und der Präsident wird zum Retter der Kindheit ... Der Teddybär ist Träger von starken Bedeutungen, reichen Botschaften ... und diese Botschaften verweisen auf die Kindheit und ihre Werte zu Beginn dieses Jahrhunderts des Kindes ..."[42]

Weshalb verschenken Erwachsene so gerne Plüschtiere an Kinder? Plüschtiere sind in erster Linie ein Bild der heilen Kindheit, sie haben hohen nostalgischen Wert für den Erwachsenen, der sich an die Sonnenseiten der eigenen Kindheit erinnern will. Das ist ein sicher nicht ausreichendes Erklärungsmodell auch für die Anziehung des Plüschtieres auf den Erwachsenen selbst, man denke nur an die vielen Plüschmaskottchen, die an Rucksäcken baumeln.

Menschen, die nicht erwachsen werden wollen und sich nicht von ihrem Plüschtier verabschieden können: auch dafür gibt es einen Markt. Das Neueste ist ein Pauschalarrangement für Stofftiere, zu finden im Internet unter www.teddy-in-munich.de. Für knappe 150 Euro können Sie eine 6-Tagesreise für Ihren kleinen Teddy buchen. Sobald die Stofftiere miteinander bekannt gemacht worden sind, bekommen sie München zu sehen, können wahlweise eine Nachtwanderung mitmachen (nur in kleinen Gruppen, die ängstlichen unter den Plüschtieren kriegen ein Ersatzangebot), aufs Oktoberfest gehen oder einen Malkurs besuchen. Den Besitzern wird zugesichert, dass die kleinen Schätzchen liebevoll ins Bett gebracht werden. Die Kunden dieser Teddyevents sind meistens Frauen zwischen 30 und 60 Jahren. Das nur als Anmerkung zum Thema: Infantilisierung und Animismus in der modernen Welt des 21. Jahrhunderts.

Sieht man einmal davon ab, dass Erwachsene in der Regel die Kinder lieben, die sie beschenken und ihnen einfach eine Freude machen wollen, so spiegelt das Plüschtier – so sieht es jedenfalls Brougère – in einer bestimmten Weise aber auch das egoistische Verhältnis, das der Erwachsene zum Kind haben kann, wider: Das Kind ist süß, goldig, niedlich, man mag es gerne schön anziehen, es soll anschmiegsam sein, weich, wie ein Teddy eben, es wird oft genug als Objekt vom Erwachsenen missbraucht, zum Kuscheln, Trösten, ja im schlimmsten Falle sogar für die sexuellen Bedürfnisse des Erwachsenen.

Andererseits erkennt der Erwachsene den Wert des Plüschtieres als Übergangsobjekt, als Möglichkeit, ein Stück eigene Freiheit wiederzugewinnen und diese auch dem Kind zu ermöglichen, das Hilfe beim Ablösungsprozess von der Mutter braucht, weil das Plüschtier die Abwesenheit der Mutter oder des Vaters erträglich macht.

Nach Teddy sind viele „Bärenpersönlichkeiten" entstanden, die sich zum Teil aus der Literatur, zum Teil aus Kinofilmen rekrutierten. Wesentlich vor allem in Amerika, aber auch, wie Gilles Brougère aufzeigt, in Frankreich, ist die Tatsache, dass ab jetzt bewusst ein Bedürfnis geschaffen wird, diesen bestimmten Bären haben zu müssen. Brougère zeigt das eindrücklich am Beispiel des „Bisounours", einer Serie von Bären, die durch ein Symbol auf der Brust „Persönlichkeit" bekommen. (Bed time bear, Friend bear,

---

[42] Gilles Brougère, Jouets et compagnie, S. 19 (Übersetzung von W.D.)

Love-a-lot bear, Tenderheart bear etc.). Damit wird suggeriert, das Kind brauche einen Bären für jede Gelegenheit. Und das Kind will zumeist alle haben. Der Bär ist Marketingprodukt, Markenartikel und Sammlerobjekt, eine Eigenschaft, die in der Folge viele Spielsachen kennzeichnet. Er erscheint im Fernsehen, auf T-Shirts, auf Cornflakes-Packungen usw. Weil er eine identifizierbare Persönlichkeit ist, wird der Bär der konkurrierenden Firma ausgeschaltet. Er ist unverwechselbar und die Kinder registrieren die kleinsten Unterschiede.

Die Kinder fordern bereits im Kindergartenalter den Markenartikel, der viele Erwachsenen in finanzielle Schwierigkeiten, zur Verzweiflung oder zumindest zu endlosen Disputen mit ihren Sprösslingen bringt, spätestens, wenn sich diese Haltung auf die Kleidung und das Sportgerät der Heranwachsenden überträgt.

Warum ist das Plüschtier für das Kind oft ganz und gar unverzichtbar?

Das Plüschtier als Tröster

Der Bär hat im Kinderzimmer eine Sonderstellung, er unterscheidet sich deutlich von allen anderen Spielsachen. Im Laufe der Zeit wird er allerdings durch viele andere Tiere ersetzt, wesentliches Merkmal bleibt dabei der Plüsch, egal, ob es sich um eine Schildkröte oder einen Dinosaurier handelt. Bei sehr vielen Kindern ist er Ersatz für das geliebte Puppenkind früherer Generationen geworden, er ist oft Übergangsobjekt.

Unter Übergangsobjekten versteht man Dinge wie Schmusetücher, Bettzipfel oder eben allererste Plüschtiere, die dem Kind die Illusion vermitteln, einen Teil der Mutter (-brust) als zu ihm gehörig zu erleben. Das Übergangsobjekt erleichtert die allmähliche Ablösung von der Mutter in einem Stadium, in dem die Mutter durchaus schon als zur Welt des Nicht-Ich zugehörig wahrgenommen wird. Das Kind sucht damit seine Angst zu bewältigen, die es hat, wenn es erkennt, dass es eigenständig und damit getrennt von der Mutter ist. Das Übergangsobjekt ist somit sowohl ein Symbol der Einheit mit der Mutter als auch des Getrennt-seins von der Mutter. Diesen Widerspruch löst das Kind auf, indem es dem meistens weichen und anschmiegsamen Ding diesen doppelten Wert verleiht.

Der Teddy dient aber auch dem persönlichen Schutz als Wächter vor bösen Träumen. Er hat einen viel individuelleren Charakter als die meisten anderen Spielsachen, er hat oft einen Namen und klar definierte Aufgaben, zumindest solange er nicht zur Menagerie der modischen Sammelobjekte gehört, die die Kinderzimmer bevölkern.

Das Plüschtier ist vielfach nicht Spielobjekt im eigentlichen Sinne, indem es gebraucht wird als Akteur im Rollenspiel, als wirkliches Tier z.B. im Zoo oder auch in einer Rolle als Familienmitglied, sondern behauptet seine Vorrangstellung im Bett des Kindes als Tröster, Gefährte, geliebtes Objekt, ohne das das Kind nicht einschlafen kann und das häufig einen ständigen Begleiter vor allem in Krisensituationen darstellt. Das Plüschtier ist das meistgebrauchte Übergangsobjekt, sei es, dass es dem Kinde bereits sehr früh gegeben wurde, sei es, dass der Schnuller, der Stofffetzen oder das Schmusetuch ersetzt wurde durch das Plüschtier.

Ihm werden seine Kümmernisse erzählt, es ist verschwiegener Freund in der Not, aber auch Alter Ego, indem es – wie die Puppe – erleben und erleiden muss, was das Kind den Tag über beschäftigt hat. Es hat dann durch und durch menschlichen Charakter.

Selbstverständlich gilt hier, wie bei allen anderen Spielsachen: Das Spielzeug ist das, was das Kind daraus macht, das heißt, auch der Gebrauch des Plüschtieres ist multifunktional.

Das Plüschtier als Spielgefährte

Im Spiel ist das Plüschtier meistens Puppenersatz, in dem Sinne, dass es menschliche Attribute bekommt, an- und ausgezogen wird, gefüttert und gewickelt wird, schlafen gelegt wird und Schularbeiten machen muss. Weil es aber seine tierhaften Attribute hat, ist es oft für Jungen einfacher - ohne ihr Gesicht zu verlieren – sich an familiären Rollenspielen zu beteiligen, weil das Spiel mit Puppen für sie ja leider immer noch, bzw. sehr schnell – oft schon im Kindergartenalter – verpönt, „uncool" ist.

Je näher das Aussehen des Plüschtieres bei seiner animalischen Herkunft angesiedelt ist, desto eher wird es auch im Spiel als Tier benutzt, als Haustier, für Zoospiele etc.

Ein anderer wesentlicher Aspekt in der Betrachtung des Tieres als Spielgefährte ist folgender: Wenn das Kind mit der Tierfigur spielt und ihm menschliche Eigenschaften zuerkennt, tut es dies auch, weil ein Tier Charakterzüge zeigen darf oder ein Verhalten an den Tag legen darf, die man einem Menschen nicht zugestehen würde. So kann das Tier den verborgenen Wünschen und auch Ängsten besser Ausdruck verleihen, ohne dass Scham- oder Schuldgefühle beim Kind entstehen müssten. Das gleiche gilt übrigens auch dann, wenn ein Kind selbst in die Rolle des Tieres schlüpft.

Pu, der Bär, darf gefräßig sein und naschhaft, man liebt ihn gerade wegen dieser Schwäche, bei einem Kind würde man das nicht niedlich finden. Ein kleiner Löwe darf ungehinderter als ein Kind seine Aggressionen zeigen, das liegt eben in seiner Tiernatur. In der modernen „Plüschtierwelt" bleibt das Tierische allerdings immer mehr auf der Strecke. Die Tendenz der Spielwarenindustrie geht weiterhin in den Bereich des als Persönlichkeit charakterisierten Wesens mit eigener Geschichte, das geht so weit, dass

Uneingeweihte Mühe haben, das dahinter liegende Urbild Tier überhaupt noch zu erkennen (denken Sie dabei nur einmal an die Diddl-Maus).

Vor allem im späteren Kindesalter (ab dem Ende der Kindergartenzeit) wird die Wahl des Stofftieres deutlich von Moden bestimmt. In regelmäßigen Abständen erzeugt die Spielzeugindustrie Hand in Hand mit den Medien, insbesondere mit dem Fernsehen, neue Bedürfnisse bei den Kindern in der Absicht, ihre Plüschtierwelt zu erweitern, wobei die Objekte dann oft nur repräsentative Zwecke haben, beziehungsweise dem Sammeltrieb des Kindes entgegenkommen. Jetzt zählt weniger der Spielwert des Objektes, als vielmehr der Wunsch, möglichst viele in möglichst vielen Variationen zu besitzen.

Damit wird eine Konsumentenhaltung beim Kinde erzeugt, die das, was das Plüschtier ausmacht, nämlich vorrangig ein emotionales Verhältnis herzustellen, ad absurdum führt. Das Objekt, das unverwechselbarer Gefährte durch die Wirrnisse und Gefahren der Kindheit sein könnte, wird austauschbar, beliebig. Schnell ist es nicht mehr gefragt, aus der Mode gekommen, muss einer neuen Figur Platz machen, damit man mit den anderen Kindern mithalten kann.

Ob diese Tatsache einen Prozess einleiten hilft, dessen Ergebnis zunehmende emotionale Defizite und mangelnde Bindungsfähigkeit beim Erwachsenen sind? Ist die oben geschilderte Situation Ausdruck des modernen Menschen, der nicht mehr Treue und Verantwortung für andere im menschlichen Miteinander als vorrangig ansieht, sondern zunehmend die Bedienung der eigenen egoistischen Bedürfnisse?

Ohne in fatalistischen Kulturpessimismus zu verfallen, müssen wir uns meiner Meinung nach heute solche Fragen stellen, wenn wir die Verantwortung für Kinder übernehmen.

Die Puppe folgt meiner Laune, meiner Eingebung, meiner Begeisterung, alle ihre Bewegungen entspringen den Gedanken, die mir einfallen, und den Worten, die ich ihr in den Mund lege...sie ist ich, mit einem Wort, sie ist ein Wesen und keine Puppe.

George Sand

Die Puppe als Abbild des Menschen

Die Puppe ist immer – auch in ihrer karikiertesten Form – Abbild des Menschen.

Ob es sich dabei um ein Tuch handelt, das sich nur durch Abbinden und Ausstopfen eines Teiles (Kopf) und Knoten in den Endzipfeln der anderen Teile (Arme) in eine Puppe verwandelt, ob es sich um die Puppe mit Echthaarperücke und Klappaugen handelt, ob es die Mannequinpuppe ist (Marke Barbie) oder Power Ranger, immer stellt sie einen Aspekt des menschlichen Lebens dar, den das Kind mit seinem Leben oder dem der Erwachsenen verbindet. Es sucht durch die Puppe die Auseinandersetzung mit seiner Alltagswelt oder mit dem Erwachsenwerden. Das Kind versucht alle Aspekte des menschlichen Miteinanders auszuprobieren, von Fürsorge und Pflege bis zu Macht und Gewalt, von der Rolle der Mutter oder des Vaters bis zum begehrten, machtvollen und siegreichen Helden und der schönen, unabhängigen, begehrenswerten Heldin, die sich alles kaufen, alles leisten kann. Die Puppe umfasst ebenso die geliebte Babypuppe wie auch Teufel, Hexe und Drache im Handpuppenspiel.

Die Puppe ist ungeheuer vielseitig und voller Geheimnisse. Sie in ihrer ganzen Tragweite für die Bedeutung der Kinder zu ermessen, scheint kaum möglich. Lassen wir an dieser Stelle eine Frau zu Wort kommen, die sich intensiv theoretisch und praktisch mit dem Geheimnis der Puppe auseinandergesetzt hat. Gisela Ammon:

„Das Geheimnis der Puppe lässt sich nur lüften, wenn wir über den Menschen ganzheitlich zu forschen und zu denken beginnen. Puppen können nicht isoliert gesehen werden, ohne ihre Wesenheit zu verlieren. Sie erfordern es, zugleich vom Spielen überhaupt und von der Bedeutung des Spiels für den Menschen und natürlich besonders für Kinder zu sprechen. Die Puppe ist Zentrum der Dynamik von Lebensprozessen um sich herum, sie ist Zentrum der Welt der kindlichen Phantasie und Zentrum des Spielfeldes kindlicher Beziehungen, wenn sie auch menschliche Beziehungen nicht ersetzen kann. Puppen sind Schlüssel zum Unbewussten, zu den Bedürfnissen, Gefühlen und Wünschen und zum zentralen Ich."[43]

---

[43] G. Ammon, Der Stellenwert von Puppen und Puppenspiel innerhalb der kindlichen Entwicklung aus psycho-analytischer Sicht, S.107 f., in: Petzold (Hg.), Puppen und Puppenspiel in der Psychotherapie

Dennoch müssen wir, um uns dem Phänomen Puppe nähern zu können, einige wesentliche Merkmale, die die Puppe ausmachen – zunächst in ihrer gängigsten Bedeutung – heraus arbeiten.

Unterscheiden kann man die Puppe unter folgendem Aspekt: Einmal die Puppe, die Mitspieler ist im kindlichen Rollenspiel – am deutlichsten ist das zu sehen bei der Babypuppe, die die Fürsorge der kindlichen Puppenmutter genießt – und den Puppen, die das Kind zur Inszenierung von Spielen braucht, bei denen es selbst die Rolle des Regisseurs übernimmt. (Beispiel: Barbiepuppen). Einerseits gibt es die Puppe, zu der man spricht und andererseits die Puppe, *für* die man spricht.

Dazwischen gibt es noch die Puppe, die dem Aussehen nach dem Alter des Kindes entspricht, welches mit ihm spielt, charakterisiert als Junge oder Mädchen. Sie erlaubt es dem Kind, sowohl die eine als auch die andere Rolle zu übernehmen, das heißt, sie wird im Spiel einmal das Kind sein, zu dem man spricht und kann andererseits auch, mit einem Erwachsenen-Attribut versehen, Frau Müller sein, die sich mit anderen "Damen" zum Kaffeeklatsch trifft.

Je stärker die Puppe ausgestaltet ist, desto eingeschränkter sind ihre Spielmöglichkeiten. Je freier der Ausdruck, desto mehr Fantasietätigkeit kann das Kind einsetzen. Je kleiner das Kind, desto weniger verlangt es nach Ausgestaltung. Während einem zweijährigen Kind ein zusammengewickeltes Tuch reicht, um die liebevollste Beziehung dazu herzustellen und hingebungsvoll damit zu spielen, wird ein siebenjähriges Kind „den alten Stofflappen" nicht mehr als Puppe anerkennen, es sei denn, es war einmal das eigene geliebte Püppchen; dann wird es zwar nicht mehr im Spiel benutzt, aber doch meist an sicherer Stelle aufbewahrt für Zeiten der größten Not.

Jetzt – wenn es etwa sieben Jahre alt ist – wird das Kind deutliche Attribute, zumindest ein Gesicht, Haare, Arme und Beine, bei der Puppe erwarten, damit sie Spielwert hat. Insofern ist es immer von ganz entscheidender Bedeutung, das Alter des Kindes in Betracht zu ziehen, wenn der Wert, den die Puppe für ein Kind hat, in Augenschein genommen wird.

Die Puppe im eigentlichen Sinne ist für das Kind ein beseeltes Wesen, zu dem das Kind oft eine sehr innige Beziehung aufbaut, dem es einen Namen gibt und dessen Abhandenkommen oft einen nicht wieder gutzumachenden Verlust bedeutet. Das hat die Spielwarenindustrie erkannt. Wie sie sich diese Erkenntnis zunutze gemacht hat, möchte ich am Beispiel der "cabbage patch kids" erläutern, einem Typus Puppe, der in Amerika kreiert wurde. Diese Puppen werden mit einem individuellen Namen geliefert, also mit einer Geburtsurkunde oder einem Adoptionszertifikat. Im ersten Jahr ihrer Vermarktung wurden in den USA drei Millionen Stück davon verkauft. Ein Rekord in der Geschichte der Puppe! Inzwischen (seit 1983) wurden weltweit 80 Millionen davon verkauft. Diese Puppe hat - in stark überzeichneter Form - alle äußeren kindlichen Attribute, vor allem einen weichen Körper, einen großen Kopf, dicke Backen, große Augen und weiche Ärmchen, die sich der Puppenmutter entgegenstrecken.

Nebenbei bemerkt ist es interessant, dass diese Puppe ziemlich hässlich ist. Ist es gerade das Unvollkommene, was an dieser Puppe als anziehend erlebt wird, weil das Kind sich seiner eigenen, von den Erwachsenen vermittelten oder erlebten Unzulänglichkeit bewusst ist und sein großes Puppenmutterherz gerade dem Nicht-Perfekten auftun will? Da spielt der magische Aspekt im Alter des Vorschulkindes eine – natürlich unbewusste – Rolle: Ich will von meinen Eltern auch geliebt werden, wenn ich nicht vollkommen bin, also liebe ich stellvertretend als Puppenmutter mein unvollkommenes Puppenkind.

Die Puppe ist dafür prädestiniert, die unmittelbare Beziehung zur Umwelt des Kindes nachzuahmen. Das, was die Mutter an und mit dem Kinde tut, spielt das Kind nach, verwandelt es, nimmt Dinge vorweg. Die Puppe wird gefüttert, gewickelt, an- und ausgezogen, ins Bett gebracht und spazieren gefahren. Sie hilft dem Kind, die Ereignisse, die um es herum geschehen, besser zu verstehen und zu verarbeiten. Die Puppe ist in erster Linie Alter Ego des Kindes. Wie viele Puppenkinder wurden schon mit einem Pflaster versehen, weil die Puppenmutter sich geschnitten hat? Wie viele Puppen wurden schon ohne Essen ins Bett gesteckt, weil der Puppenvater ungehorsam war? Wie viele an die Brust gelegt, weil gerade ein Geschwisterkind auf die Welt gekommen ist? Wie viele mit großen Verbänden versehen, weil der Puppenmutter eine Krankenhauseinweisung bevorstand!?

Es ist heute festzustellen, dass die Plüschtiere mehr und mehr den Puppen den Platz streitig machen.

Sicher, das oben Geschilderte ist auch an einem Plüschbären zu vollziehen. Was aber bedeutet es - wenn man die Dinge einmal tiefer betrachtet - ein menschliches Abbild durch ein tierisches zu ersetzen? Und welche Folgen mag das haben? Es ist eine Tendenz spürbar, die zeigt, dass sich die Grenzen zu verwischen scheinen zwischen Tier und Mensch. Aus dem einstigen Nutztier ist ein Lebensgefährte geworden, der oft Kindersatz ist. Aus Tieren sind Liebesobjekte geworden, für die man Friedhöfe einrichtet, mit denen man das Bett teilt.

Was empört unsere Mitmenschen mehr? Das Quälen von Kindern oder das von Hunden? Wenn man die Tageszeitung aufschlägt, scheint man diese Frage nicht eindeutig zu Gunsten des Kindes beantworten zu können. Ich möchte dafür nicht den Teddybären verantwortlich machen, das wäre sicher zu weit hergeholt, sondern nur den Blick schärfen für ein Zeitphänomen, dem es etwas entgegenzusetzen gilt. Vielleicht kann es dazu förderlich sein, beim Kind die Liebe zur Babypuppe statt zum Plüschdino zu wecken.

Die Puppe als Identifikationsfigur hat beim Spiel des Kindes eine zentrale Bedeutung

Die Puppe zum Liebhaben

Wie bereits angedeutet, hat die Baby- bzw. Kindpuppe ganz andere Aufgaben zu erfüllen als die Art von Puppen, die den Erwachsenen in meist sehr festgelegten Rollen repräsentiert. Sie ist ganz Kind mit allen kindlichen Attributen. Je mehr sie dem entspricht, weil sie weich, warm und anschmiegsam ist, je mehr sie erlaubt, an ihr Tätigkeiten zu vollziehen, die das Kind an sich selbst erlebt, wie füttern, an- und ausziehen, schlafen legen, desto näher ist die Puppe dem Kind selbst und geeignet, geliebt zu werden.

Barbies lieben die Kinder nicht, die wollen sie haben, sie haben auch Spielwert für die Kinder, Liebesobjekte sind sie nicht.

Diese Art von Puppen, nämlich die Babypuppen oder Kinderpuppen, sind im Hier und Jetzt angesiedelt, entweder sie repräsentieren das Alter Ego des Kindes, sie sind ein Spiegel seiner selbst, das heißt, das Kind übernimmt die Rolle der Mutter und auf die Puppe wird das übertragen, was das Kind den Tag über erlebt hat. Dadurch bekommt das Kind eine gewisse Rollendistanz, weil es ja spielerisch den anderen Part, nämlich den der Mutter, übernommen hat.

Oder aber die Puppe steht für ein jüngeres Geschwisterkind. Das Kind kann so die Tätigkeit der Mutter unmittelbar nachahmen, sei es als Vorwegnahme erwachsenen Rollenverhaltens, sei es um mit der Konkurrenzsituation, die durch die Geburt des Geschwisterkindes entstanden ist, umgehen zu lernen. Wie wir noch sehen werden, können den Kindern, wenn sie im Spiel ihre negativen Gefühle ausdrücken können, in diesem Fall also die Eifersucht auf das Geschwisterchen, viele Qualen erspart bleiben.

Ich habe einmal einen sanften Jungen erlebt, seine kleine Schwester liebevoll umsorgend und behütend, der beim eher seltenen Spiel mit der Puppe auf die Frage der Mutter, was er denn Schönes mit der Puppe spiele, die freundliche Antwort gab: Ich brate sie!

Aber auch die Puppe liebevoll ins Bett zu bringen ist eine ebenso tief gehende Erfahrung. Im Übrigen spielt das Kind ja auch keineswegs nur das, was es selbst real erfahren hat, sondern auch – und in dieser Hinsicht ist das Spiel mit der Puppe psychologisch besonders aufschlussreich – seine Mangelerfahrungen.

Erlebt man das Kind, wie es im Spiel mit der Puppe diese verhaut oder auf andere Weise drangsaliert, so dürfen wir allerdings nicht den Rückschluss daraus ziehen, dass das Kind selbst von der Mutter verprügelt würde, denn das Spiel des Kindes spiegelt die Gefühle des Kindes wieder, nicht seine reale Behandlung. Möglicherweise nimmt das Kind den Ärger der Mutter wahr oder deren Feindseligkeit und übersetzt diese Gefühle im Spiel. Die Babypuppe übernimmt häufig einen wesentlichen Part im unverzichtbaren Vater-Mutter-Kind-Spiel, das wie kaum ein anderes Spiel der unmittelbaren Lebensbewältigung dient. Das Kind lernt daran, sich die Sichtweise des anderen vorübergehend zu eigen zu machen. Nur durch dieses unmittelbare Sich-Einfühlen-Können in die

Situation des anderen entwickelt das Kind emotionale Intelligenz.

Übernahme von Rollen – „feine Dame", „starker Held" – haben eine andere Funktion und sind stärker zukunftsorientiert. Sie verlangen nach einer anderen Art von Puppe.

Die Puppe als Symbol des Erwachsenen

Das Kind spielt nicht nur Erlebtes nach, sondern erübt spielerisch Rollen, die es in der Welt der Erwachsenen als erstrebenswert ansieht. Es bereitet sich damit auf seine Rolle in der Erwachsenenwelt vor. Das sind einerseits berufsspezifische Spiele (Müllmann, Friseur etc.) aber auch geschlechtsspezifische Spiele. Kinder spielen, vor allem wenn sie Spielgefährten zur Verfügung haben, jede Art von Rollenspiel, indem sie selbst in die verschiedensten Rollen schlüpfen. Je mehr ihnen dafür Möglichkeit und Raum gegeben wird, desto weniger werden sie dafür auf Puppen zurückgreifen.

Die zunehmende Beliebtheit von Puppen, die spezialisierte Rollenspiele ermöglichen, hängt meiner Ansicht nach auch sehr davon ab, dass Kinder heute mehr denn je auf begrenzten Spielraum angewiesen sind und sehr häufig alleine spielen müssen.

Bei dieser Betrachtung soll nun das Spiel mit den Puppen im Vordergrund stehen, die das Rollenspiel ermöglichen, ohne dass das Kind direkt ins Spiel involviert ist und einen Spielkameraden braucht. Gemeint sind vornehmlich die Puppen, die bereits eine bestimmte Rolle verkörpern, die nicht vom Kind bestimmt ist, sondern von der Spielwarenindustrie, also alle, die nach dem Prinzip der Barbiepuppe vermarktet werden. Sie sind nicht nur in ihrer Rolle festgelegt, sondern auch mit einer das Spiel begrenzenden Geschichte und einem festgelegten Umfeld versehen. Das heißt, eine solche Puppe hat für sich allein so gut wie keinen Spielwert. Er entsteht erst dann, wenn die Puppe mit den nötigen Accessoires ausgestattet ist.

Ich will hier exemplarisch einige der wichtigsten Vertreter dieser Gattung herausgreifen.

Die Barbie

Die Barbie, die bekannteste Blondine der Welt, ist inzwischen 50 Jahre alt geworden und hat Kultstatus erreicht. Mehr als eine Milliarde Puppen der Firma Martell, Marke „Barbie" sind bis heute in fast alle Länder der Welt verkauft worden.

Eine Puppe als animiertes, beseeltes Objekt, so wie wir Puppen oben betrachtet haben, wäre im strengsten Sinne die Barbie dann nicht, wenn sich das Spiel mit ihr darauf beschränkt, sie an- und auszuziehen und Dinge um sie herum zu drapieren.

Die Barbie ist ausgestattet mit allen erotischen weiblichen Attributen: lange Beine, schmale Taille, Busen, langem Haar und vor allem mit all den Dingen, die ihr zusätzliche

Attraktivität vermitteln und Statussymbole sind: ein Pferd, ein Auto, Kleider für jede Gelegenheit und Ken, das männliche Pendant von Barbie, der aber im Prinzip auch keine andere Rolle spielt, als schmückendes Beiwerk für Barbie zu sein. Er fungiert nicht als gleichberechtigter Partner von Barbie. Das Spiel der beiden spielt sich kaum im häuslichen Bereich ab, als Ehepaar oder gar als Eltern werden sie so gut wie nicht verwendet. Haushaltstätigkeiten, wie kochen oder putzen (Tätigkeiten, die Kinder sehr häufig als Sujet ihres Spieles haben) spielen eine sehr untergeordnete Rolle. Die Barbie ist alles Mögliche, aber kaum Mutter. Und wenn sie sich als Mutter präsentiert, dann geht sie höchstens im schicken Outfit mit ihrem Kind spazieren und dann ist das Kind ebenfalls Präsentationsobjekt.

Ist sie deshalb die erste emanzipierte Puppe, finanziell und emotional unabhängig vom Mann, wie manche sie gern sehen, oder ist sie williges Opfer der Konsumwelt und repräsentiert die Frau als Sexualobjekt, wie andere meinen? Mädchen spielen mit ihr in dem Alter, in dem sie beginnen, sich mit ihrer weiblichen Rolle auseinander zu setzen. Hier ist nicht das Mütterliche gemeint, nicht das Hausfrauliche und nicht eine Berufsrolle, sondern das Weibliche im Sinne eines Sexualpartners. Alle Kinder tun das auf die eine oder andere Art. Ob sie an den Kleiderschrank der Mutter gehen, ihre Stöckelschuhe anziehen und ihren Lippenstift benutzen oder ob sie mit entsprechenden weiblichen Puppen spielen.

Worin unterscheidet sich das Spiel mit der Barbie von anderen Rollenspielen? Einerseits dadurch, dass ein sehr eingeschränktes Bild der weiblichen Rolle vermittelt wird, das sich mit dem Bilde deckt, dass uns die Werbung, die Modezeitschriften und Film und Fernsehen vermitteln: Weiblich und anziehend ist nur, wer mager und langbeinig ist wie ein Model und andererseits durch die Botschaft, die vermittelt wird: Lebenswert ist das Leben nur, wenn ich konsumieren kann.

„Das Dingwertgefühl tritt an Stelle des Selbstwertgefühls"[44].

Die Industrie hat schon lange die Kinder als potentielle Konsumenten erkannt und suggeriert geschickt, dass als Garant für Glück der Konsum steht. Und das Spiel mit der Barbie ergibt sich nur aus dem Konsum. Eine Barbie allein hat eben auch keinen Spielwert, sie ist ein Bild des Konsums und verlangt ihn gleichzeitig.

Das Kind kann jeder Puppe in seinem Spiel eine andere Rolle zuordnen als die, die sie seiner Funktion nach darstellt. Kinder tun das im Allgemeinen auch. Die Dornröschen-Barbie wird vom Kind auch noch in anderem Zusammenhang benutzt als im eng abgesteckten des ihm bekannten Märchens, aber der Spielraum der Verwandlungsmöglichkeit der Puppe bleibt gering.

---

[44] Ulrich Eicke, Die Werbelawine, S.58

Müttern ist im allgemeinen unwohl, wenn ihre Töchter nach Barbies verlangen, die wenigsten können und wollen sich mit diesem Frauenbild identifizieren oder wünschen sich die Barbie als Vorbilder für ihre Töchter. Dabei kommt Barbie vergleichsweise bieder daher, schaut man sich die neuere Entwicklung auf dem Spielwarenmarkt an:

Die „Königin der Mädchenherzen" wird nämlich gerade entthront von Bratz[45], der „Paris Hilton als Puppe", so das Magazin „New Yorker". Bratz ist ein Teenager mit aufgeblasenen Lippen, riesigen Augen und winziger Nase, mit dem schläfrigen durchtriebenen Blick eines Partygirls, das zu viel getrunken hat. Sie trägt winzige Miniröcke, hautenge Tops und hochhackige Lackstiefel. Sie ist nicht wie Barbie, die – wie wir wissen – die Verkörperung einer erwachsenen jungen Frau darstellt, sondern eben ein Teenie, und zwar einer von der lasziven Sorte, der eindeutige sexuelle Signale aussendet. Ein Spielzeug für 6jährige Mädchen? Zumindest wurden im Jahr 2005 2 Milliarden Dollar damit verdient, Barbie brachte im gleichen Zeitraum 3 Milliarden Dollar ein. Womöglich sehnen sich Eltern noch nach der guten alten Barbiezeit zurück!

Die Meister des Universums - Power Rangers und andere Superhelden

Ist die Barbie Karikatur des Weiblichen, so sind es die Superhelden wie die Power Rangers für das Bild des Männlichen, und sie fungieren ebenfalls als Konsumobjekte.

Die sehr eindeutige Charakterisierung dieser Figuren und ihr eindeutiger Wiedererkennungseffekt ermöglicht den Kindern eine starke Identifikation, gleichzeitig fällt es Kindern schwer, zu improvisieren, wenn sie nicht genau die Figuren zur Verfügung haben, die sie gerade brauchen oder wenn ihnen die Requisiten fehlen, die den Figuren zugeordnet werden. Einen Power Ranger durch eine Playmobilfigur zu ersetzen, ist undenkbar. Auch sie sind – wie Barbie – mit reichhaltigen Requisiten ausgestattet: mit Fahrzeugen, verschiedenen Kleidungsstücken, vor allem aber natürlich mit einer Unzahl an Waffen.

Damit den Jungen das Spiel ermöglicht wird, ohne das Gesicht zu verlieren, werden diese Figuren auch niemals Puppen genannt. Sie sind nicht wie Ken männliches Accessoire der Frau, sondern es sind Abenteurer, Kämpfer, Soldaten, Helden. Vor allem sind es Muskelprotze. Auch die pazifistischste Familie wird nicht verhindern können, dass die Kinder – insbesondere die Jungen – zu Waffen greifen. Bekommen sie nicht das ersehnte Gewehr oder die Knallpistole, finden sie sicher ein Stück Holz, das der Form nach die Simulation einer Waffe erlaubt. Der ausgestreckte Zeigefinger, verbunden mit dem entsprechenden Geräusch, ist allemal vorhanden.

---

[45] Bratz leitet sich ab von brat, englisches Wort für Göre

Kann es denn darum gehen, Kindern das Spiel mit Krieg, Kampf und Tod zu verbieten? Was steckt denn dahinter, dass es wie ein Urtrieb erscheint, den omnipotenten Helden spielen zu müssen? Die Medienwelt lebt davon, den Wunsch nach Action, Blut, Rache und Sieg zu befriedigen. Ist es deshalb ein von Medien gemachtes Interesse? Ich denke, die Frage kann eindeutig verneint werden, auch wenn die Auswüchse, die uns die Medien heutzutage präsentieren, kritisch betrachtet werden müssen.

(Haben Sie schon einmal gezählt, wie viele Tote ein Kind Tag für Tag im Fernsehen zu sehen bekommen würde, vorausgesetzt man ließe es? Und achten Sie einmal darauf, wie uns der Filmtod heute präsentiert wird. Wie viel Menschen Verachtendes wird uns da Tag für Tag gezeigt! Aber wer würde auch behaupten wollen, das Fernsehen wäre eine moralische Anstalt? Wer, der für das Kinderprogramm zuständig ist, hat den Anspruch, uns moralisch integre Vorbilder zu liefern? Und welche Vorbilder haben wir Eltern denn im Übrigen sonst für unsere Kinder?)

Aber zurück zu unseren Helden Marke He-Man, Superman und GI Joe. Kinder sind auf vielfältige Weise mit Kriegsschauplätzen konfrontiert. Damit sind nicht vor allem die Nachrichten gemeint, sondern vielmehr Comics, Zeichentrickfilme, Videospiele und

Fernsehfilme. Außer im Sport finden die Kinder dort ihre Vorbilder. Und es sind ja scheinbar durchaus positive Helden. Sie kämpfen auf der Seite der Guten, setzen für andere ihr Leben aufs Spiel, nicht selten retten sie die ganze Welt.

Kinder, vor allem aber Jungen, brauchen das Bild des omnipotenten Helden, um ihre eigenen Ängste in Schach zu halten, und sie brauchen eindeutige Identifikationen mit dem Männlichen in seiner Reinform. Die Comic-Welt ist eindeutig schwarz-weiß, die Guten sind leicht von den Bösen zu unterscheiden. Das hilft dem Kind, sich in einer komplexen, undurchschaubaren Welt zurechtzufinden. Insofern kommt diesen in gewisser Weise Urbildcharakter zu. Dadurch wird die Welt verstehbar gemacht. Das kommt dem Kind in unserer heute immer verwirrenderen Welt entgegen.

Die Helden des kindlichen Spiels sind auch immer zu verstehen als Symbol der Ich-Werdung des Kindes. Da ist es erst einmal gleichgültig, ob es der König sein will oder Action-Man. Es übt damit gleichsam Selbstbehauptung. Sind diese Figuren deshalb aber Repräsentanten der Vorbilder, die wir für unsere Kinder haben wollen? Diese Frage ist aber, wenn man zudem noch vom ästhetischen (Un-)Wert dieser Figuren absieht, zweitrangig gegenüber einem anderen Aspekt: Die Kinder sind animiert, bestimmte Figuren haben zu wollen, weil sie sie aus Fernsehserien kennen. Aber nicht nur das: sie wollen auch möglichst der Serie getreu spielen. Das heißt, sie brauchen alle die Figuren, die dort vorkommen. Glücklicherweise bekommt das Spiel oft genug Eigendynamik, so dass sich die Kinder im Spiel von der Ursprungsgeschichte lösen können, allerdings nur in dem gegebenen Rahmen der vorhandenen Figuren. Beobachtungen haben jedoch ergeben, dass das Bestreben der Kinder immer dahin geht, so eindeutig wie möglich die bekannte Geschichte nachzuspielen.

Und darin liegt ja das eigentliche Problem. Nicht darin, dass Kinder damit spielen wollen, denn es ist sicherlich nicht verwerflich, sich zeitweise mit einer Superfrau identifizieren zu wollen oder mit einem omnipotenten Kämpfer. Was daran vor allem problematisch ist, ist die Einschränkung der kindlichen Fantasie durch die Suggestion der Medien und der Industrie, die vorgeben, dass nur in einer ganz bestimmten, vorgegebenen Weise mit diesen Dingen gespielt werden kann.

Sollte ich bei Ihnen jetzt allerdings den Eindruck erweckt haben, ich würde Kriegsspielzeug oder Gewalt verherrlichende Spiele generell für völlig unbedenklich halten, so möchte ich Folgendes anmerken:

Es macht selbstverständlich einen Unterschied, ob ein Kind mit einer betont männlichen Figur im aktiven Spiel Machtfantasien auslebt oder ob es sich stundenlang Computersimulationen mit grausamen Kampfszenarios aussetzt, bei denen der „positive" Held zwar auf Seiten der Guten, aber mit genau den gleichen brutalen Vernichtungstechniken wie die Gegenseite kämpft.

Es macht auch einen Unterschied, ob der Erwachsene Kriegsspielzeug gelegentlich zulässt oder ob er es begünstigt, indem er dem Kind das ganze Waffenarsenal, das es heutzutage zu kaufen gibt, von Tarnanzügen bis zu realitätsnahen Maschinenpistolen und Handgranaten, kauft.

Auf einen weiteren wichtigen Aspekt im Zusammenhang mit diesen Figuren macht Christian Rittelmeyer, Pädagogikprofessor aus Göttingen, in seinem neuen, 2007 erschienenen Buch „Kindheit in Bedrängnis" aufmerksam: darauf, wie sich gerade in der Spielwarenproduktion die Mechanisierung der Lebenswelt zeigt, die, wie er entwickelt, inzwischen „allgemeiner kultureller Habitus" ist. Diese „Spielwarenamalgame" aus Mensch, Tier und Maschine findet man ebenso in Gestalt der „Masters of the Universe" wie bei den Teletubbies. Bei den beliebten Turtlesfiguren kann man menschenähnliche Figuren in Maschinen verwandeln und umgekehrt. Dieser Trend ist möglicherweise ein Seismograph für die Enthumanisierung, Technisierung und Brutalisierung, der wir heute zunehmend begegnen. Laut Rittelmeyer geht es „im Kern um die Auslöschung der Unterscheidung zwischen Menschlichem und Nichtmenschlichem, insbesondere zwischen Mensch, Tier und Maschine."[46]

---

[46] Rittelmeyer, S.116

Wen wundert es da, wenn in Japan Roboter entworfen werden, die in Altenheimen eingesetzt werden sollen, die „in Gestalt von Menschen, kuscheligen Schmusetieren und anderen freundlichen Wesen die Temperatur der Alten messen, ihnen Geschichten erzählen und Kinderlieder vorsingen. Sie können gestreichelt werden und blicken dann mit großen Augen zur Bezugsperson auf."[47]

---

[47] Rittelmeyer, S.128

An reicher Wirklichkeit verwelkt und verarmt die Fantasie.

Jean Paul

Die vollkommene Puppe

„Guten Tag, ich bin Bibi-Girl, die vollkommene Puppe, ich gehöre dir, alle beneiden dich um mich. – Ich will noch mehr Sachen haben!"

In dem Roman „Momo" von Michael Ende soll das gleichnamige Kind durch die Puppe Bibi-Girl verführt werden, Fantasie und Kreativität aufzugeben durch eine Puppe, die laufen und sprechen kann und alle Accessoires besitzt, die man sich nur wünschen kann. Sie ist einfach perfekt. Momo versucht, mit dieser Puppe zu spielen; als sie feststellt, dass diese nichts anderes kann, als immer die gleichen Sätze zu wiederholen, verliert sie schnell das Interesse an ihr.

Das Mädchen Momo in diesem Buch ist Repräsentant von Kindheit schlechthin. Der Perfektionismus der Puppe erlaubt kein freies Spiel, Bibi-Girl ist eben nichts weiter als Bibi-Girl, die vollkommene Puppe, spielen in Momos Sinn kann sie mit ihr nicht.

Bei kleinen Mädchen, die sich heiß eine solche Puppe gewünscht haben – und solche Puppen gibt es ja inzwischen –, verkommen diese schnell zu reinen Repräsentationsobjekten, das heißt, wenn Besuch kommt, werden sie den staunenden Spielkameraden vorgeführt und dann wendet man sich gemeinsam interessanteren Dingen zu. Dieses Schicksal teilen sie mit ferngesteuerten Autos und anderen perfektionistischen Spielsachen, die der Fantasie zu wenig Raum lassen.

Wir haben uns ausgiebig mit der Puppe im weitesten Sinne beschäftigt – und wie wir gesehen haben, erfüllt das Plüschtier oft die gleiche Funktion wie sie –, denn sie ist sicher das wichtigste Spielzeug des Kindes, sie ist dem Menschen am nächsten und ist eines der ältesten Spielzeuge überhaupt. Sie ist unverzichtbar in jedem Kinderzimmer. Welche Kriterien man hat, sich für die eine oder andere Puppe zu entscheiden, ist individuell. Die vorangegangenen Ausführungen mögen eine Hilfe darstellen, bei dem großen Angebot eine Auswahl treffen zu können. Mit Sicherheit ist es das Spielzeug, welches andererseits auch am stärksten in den meisten Kinderzimmern überrepräsentiert ist.

Dummes Zeug kann man viel reden,
kann es auch schreiben,
wird weder Leib noch Seele töten,
's wird alles beim Alten bleiben.
Dummes aber, vors Auge gestellt,
hat ein magisches Recht,
weil es die Sinne gefesselt hält,
bleibt der Geist ein Knecht.

J. W. v. Goethe

Das Kind und die Medien

Erfahrung aus zweiter Hand

Die Zeitschrift „Psychologie heute" berichtet im Oktober 2004 von einer Studie in Seattle, USA, über die Fernsehgewohnheiten amerikanischer Kinder. Demnach werden in den USA Kinder bis zu 12 Monaten ein bis zwei Stunden dem Flimmerkasten ausgesetzt. Einjährige Kinder verbrachten der Studie zufolge im Schnitt 2,2 Stunden pro Tag vor dem Fernseher, im Alter von 3 Jahren lag der Durchschnitt schon bei 3,6 Stunden pro Tag.

10 Prozent der Kinder kommen auf sieben und mehr Stunden Fernsehkonsum täglich, nur sieben Prozent sind ohne TV-Einfluss. In England sind es – einer Studie der Marktforschungsagentur Childwise zufolge – 5 Stunden und 20 Minuten pro Tag, die die 5 - 16jährigen vor dem Fernseher verbringen. Zwei Drittel gaben an, gleich nach dem Aufstehen das Gerät einzuschalten und die letzten Sendungen vor dem Einschlafen zu sehen. Meist läuft der Fernseher, während die Kinder am Computer sitzen.[48] Sicher ist der Fernsehkonsum in Deutschland nicht so extrem, aber die Tendenz ist auch bei uns steigend.

Medienwissenschaftler und Pädagogen warnen schon lange vor den Folgen übermäßigen Medienkonsums. Defizite im Sinne von regelrechten Wahrnehmungsbehinderungen bei Kindern nehmen zu, sie haben zunehmend Schwierigkeiten, ihre reale Lebensumwelt adäquat zu erfassen. Ebenso – wie die Pisa-Studie in aller Deutlichkeit zeigt – nehmen die sprachlichen Defizite zu. Dass dieser Sachverhalt sich insbesondere bei Kindern zeigt, in deren Familien das Gespräch zugunsten des Medienkonsums stark in den Hintergrund getreten ist, ist offenkundig.

---

[48] Quelle: Süddeutsche Zeitung vom 17.1.2008

© F.K. Wächter

Dieses Thema kann hier nicht ausgeklammert werden, wenn auch nur einige Aspekte davon hier berührt werden können. Im Übrigen möchte ich auf ein umfangreiches Literaturangebot dazu verweisen.

Medien sind für Kinder, wie jede Sinneserfahrung, ein Tor zur Welt. Dabei spielt einerseits eine Rolle, welche Bilder das Kind durch dieses Tor vermittelt bekommt, andererseits, wie der Wirklichkeitscharakter der durch die Medien vermittelten Bilder erlebt wird.

Die Lebenswelt der Kinder heute ist beschnitten durch eine kinderfeindliche Umwelt mit wenigen Freiräumen für Kinder, die es ihnen erlauben würden, ungehindert und ungesehen von Erwachsenen ihre eigenen Erfahrungen mit der Welt zu machen. Wobei der Grund, weshalb Kindern echte, nicht simulierte Erfahrungswelten nicht mehr in ausreichendem Maße zur Verfügung stehen, weniger mit dem zunehmenden Autoverkehr auf den Straßen oder mit zu kleinen Wohnungen zusammenhängt, sondern eher mit einer veränderten Einstellung zu den Bedürfnissen der Kinder und mit den Ängsten der Erwachsenen.

Die Meinung, dass Kinder zum Spielen Anleitung, Aufsicht und permanente pädagogische Stimulation brauchen, ist weit verbreitet. Das stimmt insofern, als der Bedarf an Stimulation mit der Abnahme an nachvollziehbarer, vorbildhafter Tätigkeit durch die Erwachsenenwelt wächst. Welches Kind kann heute noch nachvollziehen, womit sich der Vater oder die Mutter außerhalb des Hauses beruflich beschäftigt? Anregungen durch Erwachsene, die ihrer Tätigkeit im Handwerksbetrieb oder in der Kleinindustrie nachgehen, sind aus dem Stadtbild verschwunden. Wohnen und Arbeiten sind getrennte Bereiche geworden.

Medien dagegen sind ein Teil der sozialen Realität der Kinder geworden. Ihr Alltag ist davon geprägt, der Tagesablauf wird nicht selten vom Fernsehprogramm bestimmt. Viele Bereiche des Lebens werden ihnen nur noch medial vermittelt. Das geht so weit, dass selbst dann, wenn Kinder die Möglichkeit der direkten Erfahrung mit ihrer Umwelt haben können, sie abgeklärt und gelangweilt reagieren, weil sie vermeintlich schon „Bescheid wissen".

Der Bielefelder Pädagoge Hartmut von Hentig spricht vom „heimlichen Unterricht" des Fernsehens:

- „Ich habe es doch selbst gesehen und weiß darum, wie es ist oder war.
- Was ich da miterlebe, ist enorm aufregend, enorm wichtig, enorm fürchterlich, enorm glanzvoll; mein Leben ist, daran gemessen, unbedeutend und langweilig; es hat eigentlich nur soviel Geltung, wie ich am Fernsehen teilnehme.
- Alles ist, wenn es auf dem Schirm erscheint, schon ohne mich geschehen; es läuft, auch wenn das Gerät abgestellt ist, weiter und kommt doch zu keinen Lösungen, sondern nur zu neuen Problemen. Was soll ich da noch!"[49]

Die Kinder sind an der aktiven Teilnahme gehindert, sie sind passiv, werden überwältigt und getäuscht.

Kinder, die nicht in genügendem Maße lernen, Fiktion von Realität zu unterscheiden, sind in hohem Maße manipulierbar durch Medien. Das durch Medien übermittelte Bild ist in viel höherem Maße als das geschriebene und gesprochene Wort unwiderlegbar und spricht unmittelbar unser Gefühl an. Aber selbst da tritt eine mehr oder weniger starke Abstumpfung ein.

Im Übrigen ist diese Gefahr nicht auf das Kind beschränkt. Welsch warnt in seinem Buch „Ästhetisches Denken" bereits von einer ästhetisch narkotisierten Gesellschaft.[50] „Coolness ist ein Signum der neuen Anästhetik: Es geht um die Unbetreffbarkeit, um Empfindungslosigkeit auf drogenhaft hohem Anregungsniveau. (…) Während die mediale Bilderwelt zur eigentlichen Wirklichkeit aufsteigt, begünstigt sie - allein schon

---

[49] Hartmut von Hentig: Die Schule neu denken, S. 30
[50] Ästhetik beschreibt Welsch generell als Thematisierung von Wahrnehmung aller Art, demnach ist bei der Anästhetisierung die Empfindungsfähigkeit aufgehoben

wegen ihrer bequemen Zugänglichkeit und universellen Verfügbarkeit - die Umformung des Menschen zur Monade im Sinne eines sowohl bildervollen wie fensterlosen Individuums. (…) Die Effekte sozialer Desensibilisierung sind unübersehbar. In einer Welt zunehmender Medialität existiert Mitleid vornehmlich als zeichenhaftes Gefühl von Bildschirmpersonen…!"[51]

Der Computer wird bei immer mehr Menschen zum Ersatz für ein menschliches Gegenüber. Rolf Oerter[52] berichtet von Kindern und Heranwachsenden, die dem Computer menschliche Fähigkeiten zuschreiben. Computerspiele ersetzen den Spielkameraden. Ja, es entwickelt sich so etwas wie ein neuer Lebensstil: Viele Jugendliche verbringen die meiste Zeit ihres Tages am Computer, sie surfen im Internet, chatten und spielen.

Computerspiele sorgen weltweit für einen Umsatz von 19 Milliarden Euro. 80% davon haben Gewalt zum Inhalt, laut dem Medienpädagogen Jürgen Fritz. Ziel der Spielentwickler ist es, den Unterschied zwischen Wirklichkeit und Fiktion so weit wie möglich aufzuheben. Bei dem Spiel „Painkiller" beispielsweise, in dem es darum geht, so schnell wie möglich so viele Gegner wie möglich umzubringen, hört man die Figuren keuchen, man hört sie näher kommen, man hört natürlich auch die abgegebenen Schüsse. Wird eine Figur getroffen, fliegen Köperteile weg oder die Figur bricht zusammen. Jeder Schuss hinterlässt einen Blutfleck. Lernen die Kinder dadurch das Töten, wie es der amerikanische Psychologe Dave Grossmann[53] glaubt? Oder trainieren die „Computer-Kids" im Gegenteil wesentliche Fähigkeiten, wie Geschwindigkeit, Reaktionsfähigkeit und Genauigkeit, also Fähigkeiten, die zunehmend in der realen Welt gebraucht werden?

Darüber herrscht unter den Fachleuten Uneinigkeit. Was man aber mit Sicherheit sagen kann ist, dass Kinder, denen es schwerer fällt, mit der Wirklichkeit umzugehen, eher Fiktion und Realität vermischen. Ebenso lässt sich feststellen, dass unsichere Kinder eher zu Computerspielen neigen, denn man muss sich nicht einsam fühlen in der fiktiven Welt und man braucht nicht die komplexen Fähigkeiten, um sich zurechtzufinden, wie in der Wirklichkeit. Kinder, bei denen frühzeitig unterschiedliche Interessen geweckt wurden für lebendige Aktivitäten, sind nicht anfällig, süchtig nach Computerspielen zu werden oder überhaupt zu extremem Medienkonsum zu tendieren. Außerdem hat jedes Kind einen Anspruch auf Wirklichkeit.

Die sprachlichen Fähigkeiten der Kinder nehmen im gleichen Maße ab, wie die Sprachlosigkeit in den Familien und der Medienkonsum zunehmen. Inzwischen werden bei bis zu 25% aller Kindergartenkinder behandlungsbedürftige Sprachentwicklungsstörungen festgestellt, sowohl im Bereich des Sprachverständnisses (da werden Störungen

---

[51] Wolfgang Welsch, Ästhetisches Denken, S. 14 ff
[52] vgl. Rolf Oerter, Psychologie des Spiels
[53] vgl. Dave Grossmann, Wer hat unseren Kindern das Töten beigebracht?

bereits bei bis zu 43% aller Kinder im Alter zwischen 4 und 5 Jahren diagnostiziert) und des Satzbaues, als auch beim Wortschatz und der Lautbildung, wie eine Studie von Doleschal und Radü von 1996 zeigt (die Untersuchungsergebnisse sind entnommen aus Patzlaff, Der gefrorene Blick).

Sprachentwicklung und IQ hängen eng zusammen. Kinder, mit denen nicht vom Anfang ihres Lebens an geredet, gesungen und gereimt wird, sind, wie Bildungsforscher immer wieder betonen, deutlich benachteiligt.

Ein Kind ist nicht fähig, Sprache über Medien zu erlernen. Marina Krcmar, Psychologin von der Wake-Forest-Universität, Winston-Salem, belegt das anhand einer Untersuchung[54] an 48 zwischen 15 und 24 Monaten alten Kleinkindern. Das Nachsprechen auch einzelner Wörter durch einen sprechenden Erwachsenen über den Bildschirm war den Kindern kaum möglich im Gegensatz zum Erlernen durch die direkte Interaktion.

Es braucht dazu immer das direkte menschliche Gegenüber, weil Sprechen ein kommunikativer Vorgang ist. Schon die Mutter des Säuglings reagiert intuitiv auf die Lautbildung ihres Säuglings. Sie sprechen miteinander. Sprache, durch Medien vermittelt, ist Einwegkommunikation und unbeseelt. Der Kognitionspsychologe Steven Pickler, Professor an der Harvard University und Bestsellerautor, erläutert in einem Interview im „Zeitwissen" vom Januar 2006, dass Kinder, um Sprache zu lernen, nicht nur Sprachlaute hören müssen, „sondern auch herausfinden müssen, was der Sprecher mit dem Gesagten gemeint haben könnte. Beim Fernsehen klappt das nicht, weil es nur hypothetische Situationen zeigt, die zu wenig mit der Welt des Kindes zu tun haben." (S. 19)

Machen die Kinder hingegen Rollenspiele mit ihren Spielkameraden, begeben sie sich ständig in verschiedene Situationen, in denen ihre Sprachkompetenz gefordert ist, beziehungsweise gebildet wird. Sprachmuster und Vokabular werden angelegt und durch Wiederholung gefestigt, die Kinder lernen durch Imitation der Größeren oder Sprachgewandteren, sie müssen sich ständig neu miteinander über den Handlungsverlauf verabreden und sie lernen durch Freude am Spiel. Dadurch, dass sie ganz unterschiedliche Situationen aufsuchen (die Mutter spricht zum Kind, der Polizist zum Räuber, der König zu seinen Untertanen, die Friseurin zur Kundin), lernen sie sich sprachlich auf verschiedenen Ebenen zurechtzufinden, denn sie sind ja bestrebt, die Personen, die sie darstellen, so realitätsgetreu wie möglich nachzuahmen. Gerade für sozial benachteiligte Kinder und solche, die aus anderen Sprachräumen kommen, halte ich diese Form von Spiel für ein probates Mittel, Kinder zusätzlich in ihrer Sprachkompetenz zu fördern.

Viele Fähigkeiten, die der Heranwachsende braucht, um sich in der Welt zurechtzufinden, um den anderen Menschen zu verstehen und sich selbst und die eigenen Bedürf-

---

[54] M. Krcmar in: Media Psychology, Band 10, S. 41

nisse wahrnehmen und auch artikulieren zu können, werden durch zu hohen Medienkonsum blockiert und treiben den verunsicherten jungen Menschen wiederum dazu, bei den Medien Zuflucht zu suchen. Und dann schließt sich der Teufelskreis.

Um sein Innenleben entwickeln zu können, braucht der Mensch Muße. Oder, wie Goethe es ausdrückt: „Ein Talent bildet sich in der Stille". Können wir „nichts tun" heute überhaupt noch aushalten? Wir sind immer bestrebt, unsere Zeit nutzbringend zu verwenden. Können wir das nicht, schlagen wir sie tot. Dazu greifen heute die meisten Menschen zu den Medien. Die innere Leere wird damit ausgefüllt und verhindert, dass sich ein reiches Innenleben entfalten kann. Eigene Initiative ist dazu nicht mehr nötig. Eigene Fantasien, die immer potentielle Möglichkeiten des Neuen und der Entwicklung in sich bergen, werden von den Fantasieprodukten der Massenmedien verdrängt.

Moderne Massenmedien sind *die* Mittel, das kindliche Spiel zu blockieren und damit den Kindern ihre potentiellen Entwicklungsmöglichkeiten zu beschneiden. „Das Fernsehen bedingt (…) eine psychologische Schwächung ersten Ranges, weil es das Kind der Chance beraubt, in seine eigene Innenwelt einzukehren und dort in ein stummes Gespräch mit dem aufkeimenden sozialen Konstrukt namens Selbst einzutreten. Das Fernsehen verdrängt emotionale und psychologische Wünsche und Bedürfnisse zugunsten des Wertesystems der Waren- und Konsumwelt."[55] Im gleichen Zusammenhang zitiert Sanders den Kinderpsychotherapeuten Adams Phillips, der die Langeweile als einen störanfälligen Vorgang beschreibt, bei dem das Kind gleichzeitig auf etwas warte und etwas suche. Er vergleicht diesen Zustand mit der „gleichschwebenden Aufmerksamkeit" des Psychoanalytikers. Dieser Zustand müsse anerkannt und dürfe nicht durch Zerstreuung sabotiert werden.

Langeweile ist eine Möglichkeit, auch in Gegenwart von anderen, mit sich selbst allein zu sein. Übertönen wir dies, berauben wir uns der potentiellen Möglichkeit der Selbsterfahrung. Der Wille der Kinder, denen der Fernsehkonsum jederzeit zur Verfügung steht, wird enorm geschwächt, weil das gelieferte Bild die Fähigkeit beschneidet, selbst aktiv zu werden und sich eine eigene innere Bilderwelt zu erschaffen.

---

[55] Barry Sanders, Der Verlust der Sprachkultur, S.67

Der Computer

„Es müssen bei der Kindererziehung Charakterzüge und Denkgewohnheiten entwickelt werden, mit denen die moralischen Verantwortungen bewältigt werden können, wie sie für eine High-Tech-Zukunft erforderlich sind. Wir werden bei dieser Aufgabe versagen, wenn wir der Kindheit ihre dringendsten Erfordernisse vorenthalten. Das kindliche Gemüt ist in erster Linie auf ein Lernen abgestimmt, bei dem die Welt über Körper, Hand und Herz erfahren wird. Informationstechnologie hat sich in vielen Arbeitsbereichen Erwachsener als nützlich erwiesen. Sie stellt aber ein hoch intellektuelles Arbeitsmittel dar, das gerade Körper, Hand und Herz nicht in der für die kindliche Entwicklung so grundlegenden experimentierenden Eigenaktivität beansprucht".[56]

Das Thema „Kind und Computer" gibt es inzwischen in fast allen Familien. Die Frage nach dem ‚ab wann' und ‚wie oft' wird viel diskutiert. Die Angst, das Kind könne von seinen gleichaltrigen Freunden überholt werden oder eine Chance verpassen, frühzeitig Dinge zu lernen, ist groß. Der Ruf nach „Medienkompetenz", die es möglichst frühzeitig zu erwerben gelte, erschallt vor allem aus dem amerikanischen Raum und bewirkt, dass immer mehr Computer bereits für Kindergärten angeschafft werden. Der Computer hat in einem so gewaltigen Ausmaß in unserem Leben Platz gegriffen, dass wir uns weder den Alltag noch den Beruf heute ohne ihn vorstellen können. Und er erleichtert uns viel. Während ich diese Zeilen schreibe, denke ich voll Grauen daran, wie man früher mit einer Flasche Tipp-Ex neben der Schreibmaschine saß mit hundert zerknüllten Blättern Papier neben sich. Ich weiß die Annehmlichkeiten dieser Errungenschaft, wie die meisten meiner Zeitgenossen, wohl zu schätzen. Heißt das aber, dass der Computer in jedem Lebensalter sinnvoll ist?

Clifford Stoll, amerikanischer Pionier des Internets, hat jedenfalls am Wert des Computers selbst dann, wenn er erst in der Schule eingesetzt wird, seine Zweifel.

„So viel Kreativität und Verstand man zum Programmieren eines Computers braucht, so wenig braucht man zu seiner Bedienung. Wie lange braucht man, um ein Textprogramm zu erlernen? Einen Tag? Vielleicht drei? Was bringt größere Vorteile im Berufsleben: langjährige Computererfahrung bis zur Beherrschung einer Programmiersprache – oder fließend Japanisch, Englisch, Französisch oder Chinesisch sprechen zu können? Was ist die bessere Voraussetzung für ein glückliches Leben: eine Kindheit mit Nintendo und Computerspielen oder eine mit Wandern und Radfahren?"[57]

---

[56] Cordes/Miller, Die pädagogische Illusion, S.69
[57] Stoll, Clifford, LogOut, S.18 f

Kinder sind im Übrigen gar nicht so versessen auf Computer, wie man es vermuten würde. Noch immer ziehen die meisten Kinder das Spielen mit anderen Kindern den Computerspielen vor, sofern sie gesund sind. Meistens ersetzt der Computer nur die anderen Spielkameraden, wenn die nicht erreichbar sind. Computerspielen ist in den Augen der Kinder ein Füllsel bei Langeweile, aber kein echter Ersatz für das gemeinsame Spiel.

Die teuren Anschaffungen von Computern verunmöglichen in Schulen oft die Ausstattung mit Materialien, die die Kinder zum eigenständigen Tun bräuchten. Das ist mit Computern ja dann auch nicht mehr nötig. In Amerika werden beispielsweise bereits physikalische Experimente über Computersimulation gemacht. Das aber tötet den Sinn für das eigene Erforschen und Entdecken und jede Neugier ab.

„Die digitale Revolution frisst ihre Kinder", so die „Süddeutsche Zeitung" in einem Bericht über die Ergebnisse der Schulbehörden in den USA nach sieben Jahren Computereinsatz im Unterricht. Nachdem die amerikanische Regierung mit Milliarden von US-Dollar flächendeckend Schulen mit Computern ausgerüstet hat, ist eine zunehmende Kehrtwendung zu beobachten. „Wir haben keinen Beleg dafür, dass der Einsatz von Computern im Unterricht die Leistung der Schüler verbessert hätte", so Mark Lawson, Leiter der Schulbehörde im US-Bundesstaat New York.[58]

Das kriminologische Forschungsinstitut Niedersachsen kam zu dem Ergebnis, dass das Lernen gerade durch das Spielen am Computer behindert wird, denn neu aufgenommenes Wissen wird durch starke emotionale Reize, wie sie durch Computerspiele im Hirn entstehen, überschrieben. Dadurch wird der neue Lernstoff nicht im Langzeitgedächtnis gespeichert, die drastischen Computerbilder überlagern und löschen ihn[59].

Zum inhaltlichen Lerneffekt beim Einsatz von Computern in Schulen möchte ich noch einmal Clifford Stoll zu Wort kommen lassen: „Diese Lernmaschinen halten die Schüler vom Schreiben und Studieren ab. Sie betäuben das Interesse der Kinder mit Graphikspielen, die auf schnelle Antworten statt auf Verstehen und kritisches Denken setzen und mit denen Triviales als ‚pädagogisch geschickt' verkauft wird. Mit dem Denken werden auch Originalität, Konzentration und Inspiration ausgetrieben. Die ‚interaktive' Sofortbelohnung, mit denen die Edutainment-Produkte unter dem Motto ‚Lernen macht Spaß' locken, fördert die geistige Trägheit und treibt den Schülern jegliche Ausdauer, Geduld und Lust am Probieren aus."[60]

Unterricht wird zum Entertainment. Was lernen wir daraus für den Hausgebrauch? Dass wir mal nachsehen sollten, ob es bei uns auch schon das amerikanische „Jump Start Baby"

---

[58] Quelle: Süddeutsche Zeitung vom 11. Mai 2007
[59] Quelle: Der Spiegel 20/ 2007
[60] a.a.O., S.27

gibt, einen Computer für Kleinkinder ab 9 Monaten, niedlich verpackt als Kuscheltier? Sicher eine abschreckende Vorstellung, aber selbst dann, wenn wir bei der Auswahl für unsere Kinder auf pädagogisch gut aufgemachte Programme treffen, sollten wir uns immer darüber im Klaren sein, dass die Kinder dadurch vermittelt bekommen, wie die Welt virtuell zu erforschen ist, anstatt mit unseren Sinnen, Händen und Füßen und mit unserer Fantasie.

Das Programm wird unseren Kindern nicht nur keine sozialen Fähigkeiten vermitteln, sondern sie im Extremfall sogar von anderen Menschen isolieren. Und sie werden unendlich viel Zeit damit verbringen, anstatt das zu tun, was ihnen wirklich für ihre Lebensbewältigung hilft: nämlich frei und kreativ mit anderen Kindern zu spielen. Untersuchungen haben beispielsweise ergeben, dass 97% der Internetbesucher mehr Zeit online verbringen, als sie ursprünglich wollten. Die Zahl der Online-Süchtigen in Deutschland wird auf 1,5 Millionen geschätzt. Diese „Internet-Junkies" verbringen pro Tag bis zu 15 Stunden im Netz und haben sich damit weitestgehend von der realen Welt zurückgezogen. Die Dresdner Psychologin Charlotte Mickler hält rund 10 % der Grundschüler zwischen sechs und zehn Jahren für gefährdet, computersüchtig zu sein, bei den über Zehnjährigen sind es – ihrer Meinung nach – rund 800 000 Kinder.

Selbst Pädagogen, die die Vorteile dieses Mediums sehen, warnen vor der Gefahr, die der Umgang mit dem Computer in sich birgt, dass sich die Kinder in einer illusionären Welt selbst verlieren bis zur Selbstgefährdung. Sie vermeiden so soziale Situationen, in denen sie sich selbst behaupten müssten und verbringen lieber die Zeit mit einer Maschine, die vorhersagbar reagiert und sie nicht in Frage stellt.

Dass inhaltlich eine Lebensferne zumindest bei der übermäßigen Benutzung von Videospielen mit dem Gebrauch einhergeht, wird durch die Klage einer Mutter deutlich: „Die Ballerspiele sind gar nicht das Allerschlimmste. Ich finde am schlimmsten, dass die Geschichten der Videokonsolenspiele und einer unübersehbaren Zahl von Kinder- und Jugendfernsehsendungen immerzu einen völlig überdrehten Inhalt haben. Meistens geht es nämlich darum, die Welt zu retten – vor Aliens, bösen Mächten, feindlichen Invasionen. Unsere Kinder hocken also jeden Nachmittag da und retten die Welt. Wie soll da noch Ehrgeiz für die eigene alltägliche Lebensbewältigung aufkommen?"[61]

Ob Computerspiele Gewalt erzeugen oder Kinder und Jugendliche mit – wodurch auch immer verursachten – antisozialen Dispositionen zu Spielen mit gewalttätigen Inhalten neigen, möchte ich hier nicht erörtern, verweise aber auf einschlägige Literatur, z.B. M. Spitzer, „Vorsicht Bildschirm" oder D. Grossmann, „Wer hat unseren Kindern das Töten beigebracht?". Auf die Auswirkungen dieser Spiele auf die Fähigkeit, mitzufühlen, habe ich im Kapitel „ Zur Förderung von emotionaler Intelligenz" bereits hingewiesen.

---

[61] Leserbrief in der „Zeit" vom 09.09.04

Was bleibt denn, was Medienbefürworter anzuführen haben zur Verteidigung der Benutzung des Mediums in der Kindheit? Im Wesentlichen ist es die Medienkompetenz. Wenn Sie mir hier einen Exkurs in die eigene Familie gestatten: Bei meinen eigenen Kindern hat eine Kindheit ohne Computer keineswegs weltfremde Träumer hervorgebracht. Wie in anderen Familien mit ähnlichen Bestrebungen dagegen aber – neben der Fähigkeit, sich selbst zu gegebener Zeit in Kürze die nötigen Dinge im Umgang mit dem Computer beizubringen – vor allem dies: viele andere Interessen entwickelt zu haben, die wesentlich vielseitiger, aktiver und kreativer sind als die Benutzung des Computers als Mittel zum „Zeitvertreib".

Weit her ist es ohnehin nicht mit der Medienkompetenz der Kinder und Jugendlichen, die das Medium nutzen. Eine Untersuchung der Sheffield University hat gezeigt, dass die „Generation Google", die mit den digitalen Medien aufwächst, diese kaum nutzt, um ihr Wissen zu erweitern. Statt digitaler Bildung suchen die Teenager im Internet in der Regel nur soziale Netzwerke auf wie „Myspace".[62] Ansonsten ist der Computer eben für die Spiele da.

Bei internetversierten Studenten beklagt Julia Semmer, Fachdidaktikerin am Institut für Anglistik der Universität Halle-Wittenberg, Defizite beim Schreiben zusammenhängender Klausuren. „Konditioniert auf das Herumsurfen im Netz, stoppeln sie sich per Copy-and-paste zwar Texte zusammen, durchdenken aber nur mühsam eine komplexe Aufgabe."[63] Medienkritische Linguisten beklagen, dass unsere Sprache schludriger wird und unsere Denkprozesse sich fragmentieren. Gewiss, das Medium ist noch sehr jung, es wird immer besser werden und wir werden kompetenter damit umgehen lernen. Dennoch wage ich die Prognose, dass wir ebenso in einigen Jahren genauere Anhaltspunkte über den Schaden, den der übermäßige Konsum bei den Kindern anrichtet, haben werden.

Gero von Randow bemerkte kürzlich im „Zeit Internet Spezial"[64]: „Wer mit dem Netz lebt, muss abwählen lernen. Dem Netz als souveränes Individuum entgegenzutreten ist nicht leicht, erfordert Ichstärke." Wie wahr! Jeder von uns kann diesen Gedanken wohl nachvollziehen, weil er der Verführung des Mediums schon einmal erlegen ist. Um wie viel schwerer ist es aber für ein Kind, sich gegen dieses Medium zu behaupten!

---

[62] Quelle: Süddeutsche Zeitung vom 24.4.08
[63] Quelle: Die Zeit Internet Spezial, Mai 2008
[64] Die Zeit, 31.05.08

Das Kind als Sammler

Pokémon, Yu-Gi-Oh und Duel Masters

„Die Gegenwehr von Kindern gegen die dominante Anteilnahme der Erwachsenen heißt heute, Mitte 2000, Pokémon und ist ein Millionengeschäft. Hier sind Kinder mit ihrem für sie konstruierten Weltwissen unter sich." (Donata Elschenbroich[65])

Die Pokémania ist ausgebrochen, so hieß es lange Zeit, bis sie von Yu-Gi-Oh und Duel Masters abgelöst wurde und das wird auch nicht die letzte artifizielle Welt sein, die sich die erfindungsreiche Spielwarenindustrie ausdenken wird.

Was steckt dahinter, dass heute kaum noch ein Elternhaus um diese Anschaffung herumkommt? Ich stimme mit Donata Elschenbroich überein, dass sich diese Manie dadurch erklären lässt, dass die ungeheuer verzwickten Bezüge, die seltsamen Namen in diesen künstlichen Universen und die komplizierten Zusammenhänge für Erwachsene wirklich kaum mehr zu durchschauen sind, beziehungsweise, wenn die Eltern sich denn die Mühe machen, haben ihre Kinder bereits eine neue Form nach altem Strickmuster entdeckt und die Erwachsenen stehen wieder ratlos da. Endlich können die Kinder alleine und vor allem miteinander Geheimnisse vor den Erwachsenen haben, selbst dann, wenn sie wie die Augäpfel gehütet werden.

Außerdem befriedigt Pokémon den Sammlertrieb der Kinder. So wie vor 50 Jahren der Besitz von Glasmurmeln erstrebenswert war und zum Prestigegewinn beitrug, so sind es heute die Pokémonkarten. Sie werden genauso in der Hosentasche herumgetragen und in der großen Pause getauscht, es wird darum gefeilscht und damit gespielt. Angeheizt wird der Sammeltrieb natürlich durch die Medien, die Zeichentrickfilme, die Comicheftchen und die Werbung. Das allein würde nun nicht gegen den Besitz dieser Karten sprechen. Warum sollten wir als Erwachsene froher sein, wenn es Bierdeckel, krumme Nägel oder Briefmarken sind, die unsere Kinder sammeln? Ist denn das Objekt der Sammelleidenschaft nicht zweitrangig? Warum ist den meisten Erwachsenen dennoch nicht ganz wohl dabei und weshalb stimmen sie dem Kauf der Karten nur halbherzig zu?

Die Karten sind nicht isoliert zu betrachten, sie gründen ja immer auch auf Fernsehserien und Comics. Man kann sie nur verstehen, wenn man das ganze System berücksichtigt.

Sehen wir es uns deshalb etwas genauer an: Die fantastischen Welten, in die die Kinder damit eintauchen, kommen ihrer Sehnsucht nach einer anderen, nicht rationalen Welt,

---

[65] in: Weltwissen der Siebenjährigen, S.48

einer Welt voller Geheimnisse und Magie, entgegen. Vielleicht ist es gerade der Hunger nach Spiritualität, der bei ihnen vielfach nicht befriedigt wird, der sie nach solchen Bildern greifen lässt, die aber meist keine Urbilder im Sinne der alten Märchen darstellen, sondern einer oft absonderlichen Fantastik entspringen. Damit gehen die Kinder leer aus, weil die eigentliche Sehnsucht nicht befriedigt wird. Die Folge davon ist, dass sie nach dem nächsten Comic greifen.

Durch Schrecken erregende Figuren, die einer bedrohlichen Welt entstammen, werden Urängste der Kinder benutzt, um sie in pervertierter Form den Kindern in einem Alter, das zu Recht „das magische" genannt wird, scheinbare Möglichkeiten zu bieten, durch den Besitz dieser Karten ihre Ängste bannen zu können.

Bilder, die Kinder durch eigene innere Aktivität erzeugen, haben mit diesen Figuren nichts zu tun. Wie wir seit C.G. Jung wissen, gibt es so etwas wie eine geistige Erbmasse der Menschheitsentwicklung, die sich in Bildern in jedem einzelnen von uns als so genannte Archetypen manifestieren. Man könnte sie auch als Urbilder bezeichnen. Es sind Bilder, wie sie in allen Mythen und Märchen enthalten sind.

Jeder Archetypus hat viele Aspekte, positive wie negative. Denken wir nur an das Urbild des Mütterlichen im Märchen. Es begegnet uns hier als gute Mutter und als Stiefmutter, als Amme, als weise Frau oder als Hexe, genauso aber auch als Quelle, als Backofen, als Garten. Jung nennt die Archetypen die Quelle der treibenden seelischen Kräfte im Menschen. Das, was in unserem Unbewussten lebt, drückt sich in diesen Bildern aus, die wir alle in uns tragen. Deshalb sind Kinder und auch Erwachsene, wenn sie sich den Zugang nicht verstellen ließen, so angesprochen von den alten Mythen. Sie finden hier ihren eigenen schlummernden Schatz wieder und fühlen ihre eigenen inneren Kämpfe gespiegelt in den Bildern, die die Märchen liefern. Seit Jahren lassen mich die Kinder in meiner therapeutischen Praxis teilhaben an ihrer inneren Bilderwelt, ich finde dort alles, was ich aus Märchen kenne. Auch Kinder, denen die Märchenwelt vorenthalten wurde, können aus diesem inneren Schatz schöpfen, sie können damit ihre Schwierigkeiten darstellen und ihre seelische Konfiguration. Sie können darin Hilfen finden und Lösungsmöglichkeiten erproben. Pokémongeschichten kommen hier nicht vor.

Aber: Um Kämpfe geht es auch bei den Märchen und grausam erscheinen sie uns auch, und doch gibt es wesentliche Unterschiede zu den fantastischen Welten der modernen Comic- Bilder.

Sehen wir einmal von den Urbildern ab, die wir hier nicht wiederfinden. Ähneln diese Geschichten nicht den Märchen? Es gibt darin eindeutig Gute und eindeutig Böse und es geht in beiden Fällen darum, dass das Gute das Böse besiegen soll. Die Hauptunterschiede scheinen mir darin zu liegen, dass die Märchen einmal einen klaren dramatischen Spannungsbogen haben, zum anderen sind die eigentlichen Helden in den Märchen meist keine Superhelden, sondern der Dummling, der dritte und schwächste Sohn, einer, der Handicaps hat (z.B. Hans, mein Igel), oder es ist eine von der Stiefmutter verachtete und unterdrückte Frauenfigur. Nach vielen Prüfungen, bei denen meist hilfreiche Geister Beistand leisten (weise Frauen, Zwerge oder Vögel mit magischen Kräften) siegt der am Anfang so minderwertig scheinende Held, er bekommt die Prinzessin (beziehungsweise die Heldin den Prinzen) und die Bösen erhalten ihre gerechte Strafe.

Bei den modernen Heldengeschichten können wir uns nicht darauf verlassen, dass die Welt wieder in Ordnung kommt, weil allen Gerechtigkeit widerfährt, denn die Lösung wird von einer Sendung auf die nächste verschoben, wir werden weiter in Spannung gehalten und bekommen nie die Sicherheit, dass wir in der Identifikation mit dem Superhelden unbeschadet davonkommen. Es findet keine Lösung statt, wie wir es von jedem antiken Drama genauso wie von jedem Märchen kennen. Es gibt keine Katharsis. Und das macht eben einen wesentlichen Unterschied aus, weil vor allem Kindern die wesentliche Botschaft fehlt: Es gibt viele Widrigkeiten im Leben, ich kann und muss mich diesen stellen, auch wenn ich nicht als Superheld geboren worden bin; viele Hindernisse sind zu überwinden, aber ich finde Helfer, die mir zur Seite stehen und es wird mir gelingen, mein Ziel zu erreichen.

Der moderne Superheld geht nur immer wieder partiell siegreich aus dem Kampf hervor, aber eben nicht endgültig. Kinder brauchen aber die Überschaubarkeit und Sicherheit, die das Märchen vermittelt. Sind sie älter, erfahren sie schon bald, dass es im Leben nicht immer so glatt geht wie im Märchen. Durch die Märchen haben sie bis dahin aber eine Grundsicherheit entwickelt, dass Probleme lösbar sind. Dadurch können sie mit der Wirklichkeit besser umgehen.

Die Geschichten der modernen Superhelden lassen die Spannung bestehen (deshalb muss man sie weiter verfolgen, also lassen sie sich weiter verkaufen) und somit auch die Unsicherheit und die Ängste. Nichts aber brauchen Kinder – vor allem in den ersten 7 Jahren – mehr, als das Gefühl: „Die Welt, so wie sie ist, ist gut", denn das ist das eigentliche Grundgefühl eines gesunden Kindes. Selbst wenn es Situationen erlebt, die diesem Gefühl zuwiderlaufen müssten, glaubt es an eine Grundordnung, die dem Bösen seinen ihm angestammten Platz zuweist und wo das Gute aus dem Kampf mit dem Bösen siegreich hervorgehen wird. Dieses Gefühl gibt ihm eine Grundsicherheit, die es schützt, bei später auftretenden Schwierigkeiten nicht das Gleichgewicht zu verlieren. Durch vielfältige Einflüsse ist die Kindheit in dieser Hinsicht bedroht, umso wichtiger wird es, dass wir versuchen, die Kinder davor zu schützen. Wenn mir Kritiker vorwerfen, ich wolle eine heile Welt, die es nicht mehr gibt, künstlich erhalten, so kann ich ihnen nur entgegenhalten: Wenn wir meinen, die Kinder heute über alles so früh wie möglich aufklären zu müssen, ihnen keine Nachrichtensendung vorenthalten und sie ihren Ängsten ausliefern sollten (s.o.), anstatt ihnen „Seelennahrung" zu verabreichen, zerbröckeln wir ihr so wichtiges Fundament, das sie brauchen, um später optimistisch, tatkräftig und seelisch stabil ihrer Zukunft entgegengehen zu können. Virtuelle Welten wie die Welt der „Pokémon" leisten das nicht.

*Schläft ein Lied in allen Dingen,
die da träumen fort und fort,
und die Welt hebt an zu singen,
triffst du nur das Zauberwort.*

Joseph v. Eichendorff

Die Schatzkiste unterm Bett und andere Notwendigkeiten

Kinder brauchen Geheimnisse, sie brauchen Schätze, deren Wert für den Erwachsenen nicht erkennbar scheinen mag, deren Besitz für Kinder aber von hohem Wert sein kann. Der Schatz gibt ihnen die Möglichkeit, sich bedeutend zu fühlen, zu träumen und sich ein anderes Leben zu fantasieren.

Als Kind hatte ich eine solche Kiste, in der ich über Monate alte verrostete Nägel, Schrauben, verschiedene Eisenteile und als größten Besitz einen Hufeisenmagneten hortete, in der Gewissheit, eines Tages alles zusammen zu haben, um mir daraus ein Flugzeug bauen zu können. Eine eifrige Putzhilfe bereitete meinen hochfliegenden Plänen ein jähes Ende. Mir hat sich der Verlust tief eingeprägt, es ging ja um mehr, als um ein paar wertlose Dinge, es machte auch einen Traum zunichte.

Also gönnen wir den Kindern ein solches Versteck, selbstverständlich indem wir auch seine Unantastbarkeit achten und sein Geheimnis, und werten wir das, was für das Kind wichtig und wertvoll ist, nicht ab. Den Wert eines Dinges kann nur sein Besitzer bestimmen. In unserer Wegwerfgesellschaft, in der die Dinge immer weniger geachtet werden, ist es gerade wichtig, ein Verhältnis für den ganz besonderen Zauber eines Dinges zu gewinnen, der unabhängig von seinem materiellen Wert ist.

Kinder lieben es, bei jedem Spaziergang schöne Dinge zu sammeln, sie erweisen sich dabei durchaus auch als großzügige Schenker. Lassen wir das Sammeln zu, denn üblicherweise kann sich ein Kind nach einiger Zeit von der Hälfte der Stöcke trennen, die es unter dem Bett gehortet hat und all die schönen Steinchen finden bestimmt einen geeigneten Platz.

Erwachsene legen gerne ihre eigenen Maßstäbe an, was denn nun schön und aufhebenswert sei. Klüger wäre es, all diese Dinge zu benutzen, um mit dem Kinde zu forschen. Zum Beispiel darüber, ob man verschiedene Hölzer an ihrem Geruch unterscheiden kann, oder all die schönen Herbstblätter nach Farbabstufungen zu ordnen (dabei könnte der Erwachsene mit dem Kind lernen, wie viel verschiedene Bezeichnungen es beispielsweise für die Farbe „rot" gibt und wie man sie unterscheidet), zu überlegen oder nachzuprüfen, wie die Schnecke wohl überwintert oder darüber zu staunen, dass der Fluss es schafft, die Kiesel so schön rund und glatt zu machen.

Halten Sie es nicht für eine Geschmacksverirrung, wenn sich das Kind an allem Glitzerndem freut! Die Kostbarkeiten in Form von Edelsteinen, alten Halsketten, Münzen oder was das Kind noch so an Schätzen sammelt, ist immer auch als Symbol zu verstehen für den eigenen Wert. Das Kind versichert sich sozusagen der eigenen Bedeutung, wenn es sich mit Dingen umgibt oder Dinge besitzt, die von Wert zu sein scheinen. Das Kind erlebt normalerweise nicht oft, dass seine kindlichen Fähigkeiten besonders gewürdigt werden. Häufiger ist das Erleben der Unzulänglichkeit, des „Noch-nicht-Könnens" oder „Noch-nicht-Dürfens". Es ist noch nicht „groß". Und „Groß-sein" ist gleichbedeutend mit Macht. Solange es Ohnmacht erlebt, umgibt es sich gerne mit Attributen der Macht, und das sind von alters her bei allen Königen und Herrschern Schätze.

Geheimnisvolle Dinge künden auch von einer „Anderswelt", einer Welt, in der nicht alles käuflich ist, einer Welt, die die Erwachsenen schon verlassen und meist schon vergessen haben, einer Welt, in der Geistiges noch einen Platz hat, einer Welt der Gnomen, Elfen und Engel. Sie sind Zeugen einer Welt des Unsichtbaren. Dort gelten andere Gesetzmäßigkeiten als in der Welt der Erwachsenen.

Je mehr den Kindern ihre Geheimnisse genommen werden, weil sie sich ständig unter der Obhut von Erwachsenen bewegen, die zu allen Zeiten wissen, was die Kinder gerade tun, desto wesentlicher wird es für sie, eine „Geheimschublade" zu haben oder eine Schatzkiste zu besitzen, die möglichst auch abschließbar ist. Nicht nur für die dem Kind wertvollen Dinge, sondern auch als Möglichkeit, dort Symbole für seine Kümmernisse aufbewahren zu können. Nicht alles will das Kind mit dem geliebten Erwachsenen teilen.

Das Kind als Arbeiter

„in echt" gegen Marke „spiel gut" und Unfertiges gegen Perfektionismus

Im Vergleich zu anderen Ländern sind bei uns in Deutschland die Spielsachen zum großen Teil solide, sorgfältig gearbeitet und unterliegen strengen Kriterien in Bezug auf Giftstoffe und ähnliches. Wahrscheinlich gibt es kaum ein Land, in dem so viele Spielsachen aus Holz hergestellt werden. Ist deshalb alles brauchbar?

Vieles ist zwar „kindgerecht", aber weitgehend sinnfrei. Sicher kann nicht alles „echt" sein. Ein Holzkran ist leider – auch wenn die Sehnsucht des 5jährigen Buben noch so groß ist – nicht durch einen echten zu ersetzen. Aber wer sagt, dass ein Vorschulkind nicht lernen kann, mit Feile, Raspel, Hammer, Säge und Messer umzugehen, wenn man es ihm zeigt? Was soll es mit Pseudowerkzeugen anfangen, die zwar ungefährlich sind, aber zu nichts taugen?

Kinder wollen und können Dinge „in echt" tun

Wie emsig helfen kleine Kinder in der Küche, wenn man ihnen zutraut, wirklich hilfreich zu sein, wenn man sie anleitet, wie man Möhren schnippelt, ohne den Finger dazwischen zu kriegen. Ich kenne nicht viele Kinder, die im Kindergartenalter schon ein Ei aufschlagen und das Eigelb vom Eiweiß trennen können. Wie stolz sind die Kinder, wenn sie richtig helfen dürfen oder wenn sie für ihr Puppenfest ganz allein einen Kuchen backen dürfen. (Welche Eltern würden sich nicht gerne bereit erklären, hinterher beim Aufräumen zu helfen, wenn sie als Gast die Köstlichkeiten probieren durften!) Haben Sie schon mal ein Menu serviert bekommen, zubereitet von einem 11jährigen?

Kinder wollen tätig sein, sie wollen Dinge herausfinden, sie wollen ausprobieren. Und Erwachsene sollten begreifen, dass ein Gewinn an Welterkenntnis manchmal nur um den Preis von Schrammen, blauen Flecken und Tränen zu erreichen ist.

Außer den „echten" Dingen, die das Kind braucht, um nachahmend das Tun des Erwachsenen im Spiel zu verarbeiten, ist es vor allem das Unfertige, das zum Spielen anregt, es hat viel mehr Aufforderungscharakter zum Experimentieren, um Kreativität und Fantasie zu entwickeln. Die viel gewünschten elektrischen Eisenbahnen sind so lange interessant, als man an ihnen bauen kann, sobald (also ungefähr am 2. Weihnachtsfeiertag) alles arrangiert und aufgeklebt ist, fristen sie meistens ein ödes Dasein und das Kind widmet sich wichtigeren Dingen.

Allerdings brauchen Eltern statt Geld eine stattliche Portion Gleichmut, wenn das Wohnzimmer ständig okkupiert ist von riesigen Pappkartons („Raumschiff"), wenn man den Klebstoff aus den Haaren des Sprösslings unter Wehgeschrei entfernen und die Sägespäne aus dem Bett picken muss. Wenn sie aber den Weltentdecker, Konstrukteur und zukünftigen Erfinder selbstzufrieden sein Werk betrachten sehen, werden Sie getröstet sein in dem Gefühl, möglicherweise einen zukünftigen Nobelpreisträger gefördert zu haben.

Und es braucht Wachsamkeit, um zu sehen, was das Kind braucht, wie und wozu man es anregen kann, wo es gilt, seine Neugier zu wecken, Dinge auszuprobieren und wahrzunehmen. Welterkundungsdrang ist dem Kind immanent, gleichwohl kann dieser gefördert werden oder erlöschen. Auch wenn das alles „nur" spielerisch geschieht, werden hier, beim Spiel mit dem Unfertigen, die Grundlagen gelegt, um zum Beispiel Grundphänomene der Physik, Mathematik und Chemie zu erfassen. Ganz davon abgesehen lernen die Kinder Geduld, Durchhaltevermögen und Teamgeist und sie lernen, Misserfolge zu verkraften. Wenn ein Kleinkind Duplo-Legosteine zusammen steckt, kriegt es einen Turm, über den es sich freut. Hat es das gleiche mit ungleich großen Aststücken fertig gebracht, hat es zusätzlich schon eine Menge über Statik erfahren, hat seine Feinmotorik trainiert und vielfältige Sinneserlebnisse gehabt (Holz hat verschiedene Strukturen, die man fühlt, es ist je nach Sorte und Lagerdauer verschieden schwer, es duftet und hat unterschiedlich ausgeprägte Maserungen, Legosteine sind alle gleich glatt, geschmack- und geruchlos).

Dazu aber gleich mehr im nächsten Kapitel.

Das Kind als Baumeister

Über Architekten, Statiker und Höhlenbewohner

Gerade mit dem Bauen impliziert man vor allem eine Menge an kognitiven Lernmöglichkeiten. Wir werden aber sehen, dass Kinder noch andere Gründe haben zu bauen, außer dabei etwas über Statik zu erfahren.

Man findet für das Bauen die unterschiedlichsten Materialien und Ausführungen. Angefangen von selbst gesägten Aststücken über Holzklötze in unterschiedlichen Formen, mal ganz naturbelassen, mal farbig lackiert, Legobausteinen, für die verschiedenen Alter unterschiedlich in der Größe und Differenziertheit bis zu raffinierten und komplizierten Technikkästen aus Metall. Wir müssen bei den Baumaterialien unterscheiden zwischen dem Bauen mit Klötzen und dem Bauen mit Steckverbindungen, wie sie zum Beispiel die Marke „Lego" herstellt.

Ebenso betätigt sich das Kind als Baumeister, wenn es den häuslichen Esstisch als Dach für sein Haus benutzt und die Wände aus Decken gestaltet, oder wenn es sich im Wald eine Hütte baut, im Schnee einen Iglu formt oder eine Höhle im Waldboden gräbt und Äste darüber legt.

Bauwerke der ersten Kategorie werden entweder um ihrer selbst willen gebaut oder um sie mit kleinen Figuren zu bevölkern. Das Gleiche gilt für die Burg, die im Sandkasten geformt wird. Bauwerke der zweiten Kategorie werden gebaut, damit sich das Kind darin verstecken kann, als Schutz oder ganz allgemein als Behausung des Kindes selbst (mit oder ohne Puppen).

Wenn Kinder Bauklötze aufeinander stapeln, kosten sie die Spannung aus zwischen dem Anwachsen ihres Gebildes und dessen Einsturzgefahr. Das Einstürzen oder Selbst-Zerstören scheint für die meisten Kinder von größter Wichtigkeit zu sein. Es scheint sich hier um eine besondere Erfahrung von Macht und Kontrolle zu handeln, die das Kind hier am Objekt aktiv vollzieht. Die Statik ist durchschaubar, das dreidimensionale Bauen begünstigt die Raumvorstellung, sie lernen Räume gestalten und abgrenzen.

Bei den komplizierteren Baukästen mit Steckverbindung oder Schraubsystemen spielt die Statik eine untergeordnete Rolle. Kinder können damit komplizierte Gebäude, Fahrzeuge und Geräte bauen, sie müssen dabei Bauanleitungen verstehen können und oft schwierige technische Aufgaben lösen. Viele komplizierte Bausysteme sind nicht mehr dazu gedacht, dass damit freie Entwürfe realisiert werden können, sondern verlangen die Fertigkeit, sich nach gegebenen Mustern zu richten. Ist das noch

Spiel? „Die Technik ist ihrem Wesen nach ein äußerster Grenzfall des Spiels. Das Ziel ist festgelegt, und die Suche nach einer sachgerechten Lösung überwiegt." [66]

Höhlen graben, Hütten und Baumhäuser bauen, ebenso wie im Schuppen ein „Lager" einrichten oder als „Haus" eine Ecke im Zimmer abhängen, all dies gehört zu den beliebtesten und wichtigsten Aktivitäten von Kindern. Sie schaffen sich so eine Intimsphäre, sie beginnen ihre eigenen Ich-Grenzen abzustecken und bauen damit Ich-Identität auf. Das Kind markiert für alle sichtbar: Hier bin ich und da ist Welt. Hier ist ein Bereich für mich alleine, hier bin ich Herr im Haus. Sie gestalten diesen Eigenraum und sind bereit, ihn gegen alle Feinde auch zu verteidigen. Erwachsene dürfen normalerweise auch nur auf Einladung das Kinderhaus betreten.

Schutz und Behausung zu bauen ist ein Urbedürfnis des Kindes

---
[66] Andreas Flitner, Spielen-Lernen, S.157

Der Ablösungsprozess – vor allem von der Mutter – ist schwierig und langwierig und geht in Stufen vor sich. Es entsteht daraus immer wieder Angst, bedarf der Rückversicherung, um dann erneut in Angriff genommen zu werden.

Höhlen vermitteln Geborgenheit und Sicherheit, ein Kind, das sich in einer Höhle zusammenkuschelt, kann also auch in einer seelischen Situation sein, in der es den Rückzug in eine frühere Phase seines Lebens braucht. Es baut sich dann einen „safe-place" (Katz-Bernstein), also einen geschützten Ort, der eine Art mütterlicher Geborgenheit ausstrahlt.

„Die Ich-Grenzen werden von der Wahrnehmung des Kindes, dort wo Ängste und Bedrohungen sowie Übergriffe und Fremdheitsgefühle drohen, gestaltet und symbolisiert und werden dadurch sichtbar."[67] Vor allem bei Kindern, denen es in der frühen Kindheit an Geborgenheit mangelte, ist ein solcher Ort von größter Wichtigkeit und erfordert genügend Raum. Pflege- und Adoptiveltern wissen das.

Die Möglichkeit, sich abgrenzen zu können, führt zu größerer Handlungskompetenz. Daher ist es wichtig, dass der Erwachsene diese Grenzen auch akzeptiert und respektiert.

---

[67] Katz-Bernstein, Das Konzept des „safe-place", in: Metzmacher/Petzold/Zaepfel, Praxis der integrativen Kin-dertherapie, S.128

Da wachsen Kinder auf an Fensterstufen,
die immer in demselben Schatten sind,
und wissen nicht, dass draußen Blumen rufen
an einem Tag voll Weite, Glück und Wind, -
und müssen Kind sein und sind traurig Kind.

Rainer Maria Rilke

Das Kind und die anderen

Draußen spielen

Jedes Kind sollte jeden Tag draußen sein dürfen bei jedem Wetter. Vor 50 Jahren war es noch eine Selbstverständlichkeit, dass man als Kind, sobald die Hausaufgaben erledigt waren, raus ging. Auch kleinere Geschwister, wenn sie so groß waren, dass sie nicht mehr am Rockzipfel ihrer Mütter hingen, mussten mitgenommen werden. Man traf sich mit seinen Freunden, um auf der Straße zu spielen, leere Scheunen zu erobern, im Wald Hütten zu bauen oder um nachzusehen, ob in den Schrebergärten die Kirschen schon reif sind. Erwachsene waren nicht zugegen, die Mutter guckte auch nicht alle halbe Stunde aus dem Fenster. Die Einschränkung galt: „Wenn die Laternen angehen, bist du zu Hause!" (Armbanduhren gab es erst mit 14 Jahren). Es wurde gespielt und gelacht, es wurde gestritten und gelitten, und wenn man weiterhin zur „Bande" dazugehören wollte, hat man sich auch wieder vertragen. Man hat sich Gefahren ausgesetzt und hat dadurch gelernt, gefährliche Situationen einzuschätzen. Die Altersgruppen waren gemischt, die Älteren waren daran gewöhnt, auf die Kleineren aufzupassen.

Heute ist es selten geworden, dass ein oder mehrere Kinder ganz alleine, das heißt ohne Erwachsene, draußen anzutreffen sind. Gerade mal 12 Stunden in der Woche verbringen Kinder heute außer Haus und die meist auf Trainings- oder Spielplätzen, das heißt unter Aufsicht. Hatten Kinder vor 20 Jahren in Deutschland noch einen Radius von 20 Kilometern, so bewegen sie sich heute noch höchstens vier Kilometer von zu Hause fort.[68] Allenfalls sieht man sie noch mit den Fahrrädern oder Inlinern. Die Angst der Eltern vor gefährlichen Situationen ist sicher verständlich, allerdings werden die Gefahren, die den Kindern durch den Autoverkehr oder durch Sexualtäter drohen, durch die Medien stark übertrieben.

---

[68] Quelle: Süddeutsche Zeitung, Kinderleben 2/2008

Ein Kind ist dadurch, dass es spürt, dass man ihm etwas zutraut, dass es Verantwortung zu tragen gelernt hat, dadurch, dass es selbstsicher ist, vor vielerlei Gefahren besser gefeit, als wenn man es übermäßig beschützt und ihm keinen individuellen Freiraum lässt.

Draußen-sein verbindet man selbstverständlich mit Bewegung. Kindsein ebenfalls. Ein gesundes Kind ist – wenn man es lässt – meistens in Bewegung. Es will die Welt mit seinem ganzen Körper und allen seinen Sinnen erkunden. Es krabbelt, läuft, hüpft, springt, klettert, balanciert, dreht sich um sich selbst und schaukelt, wenn es nicht gerade einen Bach staut, eine Ameisenstraße verfolgt oder Schlamm anrührt. Der Umgang mit den Elementen Feuer, Wasser, Luft und Erde ist es, was das Kind sucht und braucht, und zwar so oft wie möglich.

Mut ist hier ebenso gefragt wie Planung und Geschicklichkeit

Wie aber sieht die Wirklichkeit der Kinder heute oft aus?

Ich möchte Ihnen gerne ein Beispiel aus meinem Alltag, bzw. dem eines Kindes berichten: Eines Tages besuchte ich wegen der Begutachtung eines Kindes, Anne, eine 2. Klasse der Grundschule. Das Kind zeigte – laut der Lehrerin – Symptome eines ADS, also eines Aufmerksamkeits-Defizit-Syndroms.

Ich war drei Schulstunden anwesend. Während der ganzen Zeit saßen die Kinder auf ein und demselben Platz. Ihre einzige motorische Tätigkeit war die des Schreibens. Die große Pause, die auch in den Zeitraum meines Besuches fiel, musste drinnen stattfinden, weil es draußen nieselte. In dieser Zeit durften die Kinder aus „versicherungstechnischen Gründen" nicht von ihren Plätzen aufstehen. Danach ging der Unterricht in gleicher Weise weiter. Da der Unterricht zudem noch außerordentlich langweilig war, schaltete Anne, wie viele andere Kinder auch, nach einer Weile innerlich ab. Andere begannen unruhig zu werden (ich selbst übrigens auch).

Waren diese Kinder nun aufmerksamkeitsgestört?

Nicht, dass ich jetzt die ganze Verantwortung den Lehrern oder den Eltern zuschieben will! Ich möchte nur darauf aufmerksam machen, dass vielfach die eigentlichen Bedürfnisse der Kinder nicht in genügendem Maße berücksichtigt werden. Die Kinder sind in der 2. Klasse erst 7 Jahre alt!

Nun will ich auch nicht behaupten, dass Unterricht immer so stattfindet, aber doch öfter, als man vielleicht vermuten würde. Lassen Sie uns den Alltag von Anne noch weiter verfolgen: Das Kind wird nach dem Unterricht von der Mutter mit dem Auto abgeholt. Nach dem Mittagessen macht Anne ihre Hausaufgaben. Das dauert lange – wie wir wissen, ist sie ein verträumtes Kind, das sich oft schlecht konzentrieren kann – manchmal bis zu 2 Stunden. (Ab der dritten Klasse ist es übrigens nicht selten, dass Kinder 3 Stunden an ihren Hausaufgaben sitzen, sofern die Eltern nicht noch ein paar Zusatzaufgaben haben. Schließlich entscheidet dieses Jahr bereits über das weitere Schicksal des Kindes: Gymnasialempfehlung oder nicht). Dann muss Flöte geübt werden und zur Belohnung darf Anne noch ihre Lieblingssendung im Fernsehen sehen (nur 45 Minuten, denn sie hat eine vernünftige Mutter), und wenn es Winter ist, ist der Tag für dieses Kind fast vorbei. Bewegt hat sich Anne kaum.

Aber die Bewegung ist ja nicht alles, was man der kleinen Anne und ihren Freunden wünscht. Diesem eher tristen Tag in Annes Leben fehlt es vor allem an Farbe, an Eindrücken, die einen Kinderalltag zu einem wesentlichen und glücklichen machen würden. Anne fehlen vielfältige sinnliche Erfahrungsmöglichkeiten, die sie in ihrem Alter so dringend bräuchte. Was hätte sie an diesem Tag alles erleben können, wenn sie zum Beispiel zu Fuß nach Hause gegangen wäre oder den Nachmittag im Wald verbracht hätte!

Draußen sein in der Natur

Echtes Naturerleben im Wald ist für heutige Kinder wie Anne keine Alltagserfahrung mehr. Nicht nur in den ersten sieben Jahren brauchen Kinder Erfahrungen mit der Natur. Wenn Kinder klein sind, erleben sie sie mit ihrem ganzen Sein, mit allen Sinnen und mit starker emotionaler Beteiligung. Sie staunen, sie freuen sich und sie fürchten sich auch. Hoch zufrieden sind sie, wenn sie den Lauf der Jahreszeiten bei Spaziergängen auf den immer gleichen Wegen erleben können, solange ihnen dabei Zeit gegeben wird, in Ruhe ihre Betrachtungen anzustellen, wenn sie Pfützen nicht ausweichen müssen und nicht alles, was sie anfassen als „Dreck" gekennzeichnet und somit verboten wird.

Alles im natürlichen Umfeld des Kindes fordert seinen Gestaltungswillen heraus

Die Herausforderungen, die sich das Kind hier sucht, um Dinge herauszufinden sind hier – in der Natur – unmittelbar gegeben, dazu braucht es keine naturwissenschaftlichen Curricula im Kindergarten. Wolf Singer, Direktor am Max-Planck-Institut für Hirnforschung, spricht hier von Selbstorganisationsprozessen des sich entwickelnden Gehirns, das sich die benötigten Informationen zum richtigen Zeitpunkt aktiv sucht und holt. „Man kann in ein sich entwickelndes Gehirn nichts hinein programmieren, wofür es noch kein offenes Fenster gibt."[69] Wenn Kinder im Wald, am Bach, im Feld beim Entdecken und Forschen ihre eigenen Wege gehen können, gehen sie mit Feuereifer und Konzentration ans Werk. Ist ein Erwachsener zugegen, der diese Entdeckerfreude teilt, sich von ihrer Forscherhaltung anstecken lässt, mit ihnen beobachtet und Hypothesen bildet, sie gelegentlich auf Naturphänomenen aufmerksam macht, ist der beste Grundstock dafür gelegt, dass das Kind in der Schule auf diese Erfahrungen zurückgreifen kann. Außerdem hat es sich seine Lust am Forschen erhalten, weil es nicht zur Unzeit Inhalte vermittelt bekam, die nur der Erwachsene gerade für wichtig befunden hat.

Nobelpreisträgerin Christiane Nüsslein-Vollhard, Direktorin am Max-Planck-Institut für Entwicklungsbiologie, hält die naturwissenschaftlichen Curricula im Kindergarten schlicht für Quatsch. Ihre Liebe zur Naturwissenschaft ist entstanden bei den Spaziergängen mit der Mutter, die große Kenntnis in Pflanzenkunde besaß. Ihr Rat an die Kindergärten, was sie außerdem tun könnten: „Ich würde mit Kindern kochen. Bei mir gingen viele Erkenntnisse, die mich zur Wissenschaft führten, übers Essen."[70]

Noch mehr als dem Kleinkind ist dem Schulkind an der Umgestaltung der Natur, im Sinne von pflanzen, kultivieren und sich „die Erde untertan machen", gelegen. Sie stauen Bäche, bauen Hütten, versuchen mit Flößen den Fluss zu besiegen. Schulkinder setzen sich mit ihren Drachen mit dem Wind auseinander und lieben es, Feuer zu machen und es zu beherrschen. Sie sind an der systematischen Erforschung der Natur interessiert. Sie untersuchen Lebensräume von Tieren, beginnen Steine zu sammeln und zu kategorisieren und Pflanzen zu bestimmen. Die Wissbegier des Schulkindes, mehr über die Natur zu erfahren und das Bedürfnis, sich in der Natur zu behaupten, lässt sich nicht mit Natursimulationsprogrammen durch Computer ersetzen.

Ohne echte Erfahrung an und mit der Natur ist es schwer, Mitleid und Verantwortungsgefühl für die Umwelt und ihre Geschöpfe zu entwickeln. Wie aber sollen Kinder Achtung und Respekt vor der Natur als ihrer natürlichen Lebensgrundlage entwickeln, wenn sie ihre Zeit draußen auf zementierten Spielplätzen und in Vergnügungsparks verbringen?

Umweltschutz bleibt eine abstrakte Forderung, wenn Kinder das, was sie schützen sollen, gar nicht lieben gelernt haben. Eine Studie des Marburger Natursoziologen Rainer

---

[69] Quelle: Zeit online vom 24.5.08
[70] ebda

Die eigenen Grenzen auszuprobieren geht nicht immer ohne Schrammen ab, aber es stärkt das Selbstbewusstsein

Brämer (Jugendreport Natur) hat ergeben, dass acht von zehn Schülern zwischen 12 und 15 Jahren weitgehend ein normales Verhältnis zur Natur verloren haben. Sie glauben beispielsweise, es sei verboten, einen Frosch oder einen Wurm anzufassen und sie trauen sich nicht, wild wachsende Beeren zu essen. Sie haben kaum noch Kontakt mit der Natur, und das gilt interessanterweise gleichermaßen für junge Stadt- wie für Landbewohner. Menschen schützen aber das eher, was sie kennen. Brämer bestätigt, dass Kinder und Jugendliche, die die Natur nutzen, auch eher bereit sind, sie zu schützen.[71]

Naturerleben bedeutet, sich mit der Natur zu messen und Respekt vor ihrer Kraft zu entwickeln. Kinder können draußen herausfinden, was die Natur an Essbarem zu bieten hat, sie können erleben, dass Tiere ein Teil der Natur sind, deren Beobachtung Staunen und Bewunderung hervorruft. Sie lernen sie zu achten und verlieren ihre Scheu vor ihnen. Glücklicherweise gibt es viele Eltern, die Ferien auf dem Bauernhof verbringen, damit die Kinder erfahren, woher die Milch kommt. Aber auch bei den ganz alltäglichen

---

[71] Quelle: Mannheimer Morgen vom 13.Mai 2006

Parkspaziergängen oder Wochenendausflügen gibt es genügend Möglichkeiten der Tierbeobachtung. Reagiert ein 2jähriges Kind voll Entzücken schon auf eine Schnecke oder einen Käfer, so freuen sich die größeren Kinder über Eidechsen, Molche, Feuersalamander, Mäuse, Eichhörnchen und was es da sonst noch alles zu sehen gibt. Kinder, die Tiere in der Natur erleben konnten, entwickeln sicher größeren Respekt vor anderen Lebewesen, als wenn sie den Hamster, den sie im Geschäft gekauft haben, nur im Laufrad erleben. Sicher geht durch das eigene Erleben das Wissen über die Tiere tiefer als über Tiersendungen im Fernsehen, auch wenn sie noch so gut pädagogisch aufbereitet sind.

Nirgendwo ist das Kind so sehr mit allen Sinnen angesprochen wie draußen. Und nirgendwo ist es weniger auf Spielzeug angewiesen wie hier.

Draußen sein auf der Straße

Draußen sein heißt in hohem Maße Welteroberung. Vor allem, wenn Kinder ohne reglementierende Erwachsene ihr eigenes Terrain abstecken und mit zunehmendem Zutrauen in die eigenen Fähigkeiten erweitern können.

Draußen sein heißt am Leben teilnehmen, weil man Menschen in ihren Tätigkeiten erleben kann, die Arbeiter an der Baustelle, die Gärtner im Stadtpark, den Müllmann bei der Arbeit. Draußen sein heißt, sich behaupten gegen die Unbilden des Wetters, gegen fremde Hunde und die Nachbarskinder. Es heißt Gefahren suchen und gefährliche Situationen überstehen.

Wie schön für Kinder, wenn sie dann noch von Erwachsenen umgeben sind, die die Sonne nicht nur als Bedrohung sehen, die Spiele in Scheunen, Höfen oder wilden Gärten statt auf TÜV-geprüften Spielplätzen auf unbebautem Gelände zulassen können, ohne die Kinder in ständiger Lebensbedrohung zu sehen, und die Großzügigkeit gegenüber zerrissenen Hosen und dreckverkrusteten Händen entwickelt haben.

Überbesorgte Eltern und Erzieher schränken die Möglichkeit der Lebenserfahrung, die Möglichkeit, Selbstsicherheit zu gewinnen und eigenverantwortlich handeln zu lernen, erheblich ein. Erinnern wir uns gelegentlich an unsere eigene Kindheit und daran, was uns als Kinder bedeutungs- und lustvoll erschien, so werden uns bestimmt viele Situationen einfallen, in denen wir mutig Neues außerhalb des geschützten häuslichen Rahmens ausprobiert haben.

Oder haben Sie damals, als Sie noch Indianer waren, niemals Brennnesselsuppe gekocht und sie heroisch, wie Sie damals waren, auch noch gegessen? Schließlich war sie auf dem von den Erwachsenen verbotenen Feuer gekocht worden. Erinnern Sie sich auch noch an die schrecklichen Mutproben, die Sie ablegen mussten, um in die Bande aufgenommen zu werden? Die Schrammen, die Sie davongetragen haben, haben Sie zu Hause bestimmt nicht vorgezeigt! Denken Sie noch an das aufregende Detektivspiel, bei dem Sie tagelang eine überaus verdächtige Person observiert haben, die Sie der Hundeentführung verdächtigt haben? Wahrscheinlich haben Sie andere Erinnerungen, aber Erlebnisse dieser Art hatten Sie sicher.

Ich möchte Mut machen, Kinder ihre Erfahrungen auch da, wo es um städtischen Raum geht, machen zu lassen. Die pädagogische Verantwortung muss dabei natürlich dem kindlichen Spiel Grenzen setzen, dann nämlich, wenn die Wohnsituation echte Gefahren birgt, ob das Wohnumfeld Spielhöllen und Sexshops ausweist oder an einer Stadtautobahn liegt. Ich denke, das versteht sich von selbst.

Ich bin mir auch bewusst, dass es für sehr viele Familien überhaupt keine Selbstverständlichkeit mehr ist, die Zeit in der Natur zu verbringen, einfach deshalb, weil sie nicht mehr vor der Haustür liegt. Andererseits kenne ich sehr viele Mütter, die viele Stunden in der Woche damit verbringen, ihre Kinder in den Sportverein, zum Ballett oder zur musikalischen Früherziehung zu fahren. Wenn wir ein neues Bewusstsein gewinnen über Wert, Lernmöglichkeit und Sinn des Naturerlebens, dürfte es doch genauso gut ins Wochenprogramm passen, mit ein paar Freunden der Kinder hinaus zu fahren in den Stadtwald.
Wozu das alles? Es gibt doch immerhin eigens für Kinder installierte und für viel Geld in Stand gehaltene Orte, nämlich Spielplätze. Ist das nicht die eigentliche Alternative für das Spielen draußen oder nur ein schlechter Kompromiss? Mit Spielplätzen ist es wie mit vorgefertigtem Spielzeug. Es gibt brauchbare, aber die sind eher selten. Je näher sie dabei den Abenteuerspielplätzen kommen, desto mehr Spielmöglichkeiten finden sich auch. Die meisten sind langweilig, haben meist nichts als einen Sandkasten, der höchstens für die Kleinsten genügend Anreiz zum Spielen bietet, eine Rutsche und ein Klettergerüst aus Metall. Viele sind nicht nur langweilig, sondern trostlos und grau, werden daher eher von Hundehaltern wegen des Sandkastens frequentiert oder von Halbwüchsigen, die keine andere Möglichkeit haben, sich zu treffen und leider nicht selten Scherben und anderen Müll hinterlassen.

Gehen Eltern heute aber mit ihren Kindern in den Stadtpark, in dem ein Spielplatz liegt, und lassen ihre Kinder dort auf Bäume klettern, müssen sie damit rechnen, dass sie von Spaziergängern darauf hingewiesen werden, dass sie der Natur Schaden zufügen und dass für derlei Aktivitäten der Spielplatz da sei. Hundebesitzer sind da besser dran, die Toleranz der Menschen in Bezug auf Tiere hört erst bei den Müttern auf, die ihre Kinder wegen der Hundehaufen nicht auf der Wiese spielen lassen können. Es verlangt einiges an Selbstbewusstsein und dickem Fell, sich über manche Zeitgenossen hinwegzusetzen und für die Rechte seiner Kinder einzutreten.

(Es bleibt zu hoffen, dass „der Störfaktor Kind" in Zukunft nicht noch größeren Einschränkungen und Repressalien ausgesetzt sein wird. Angefangen von Schallschutzmauern um Kinderspielplätze, „Kinder unerwünscht"-Schildern in Restaurants und

Hotels bis hin zur Entwicklung von „mosquito", einem Gerät, das Töne in Ultraschallfrequenzen aussenden soll, die für Erwachsenen unhörbar, für Kinder und Jugendliche aber unangenehm bis schmerzhaft sind und dessen Anwendung vornehmlich für Restaurants gedacht ist, aber auch für den alltäglichen Gebrauch gewünscht wird. Diskutiert werden solche Dinge in einem weltweiten Internetforum für Kinderfeinde. (www.childfreeghetto.blogspot.com)

© Marie Marcks

Schön, aber leider inzwischen sehr selten, sind allerdings die so genannten Bau- oder Aktivspielplätze, eng angelehnt an die Abenteuerspielplätze der 70er Jahre. Sie sind anregungsreich vor allem für größere Kinder, meist pädagogisch betreut mit offenem, vielseitigem Angebot an Spiel- und Baumöglichkeiten. Da gibt es Werkzeug und Material, eine Feuerstelle und Möglichkeiten zum Matschen, gute Verstecke, wo auch mal ein Geheimnis Platz hat und meist genügend Mitspieler. Offenbar – ablesbar an der zunehmenden Verwahrlosung von Plätzen dieser Art – mangelt es auch hier an Geld und damit an den nötigen Betreuern, die dieses Angebot ermöglichen könnten.

In den letzten Jahren ist zu beobachten, dass sich Kinder mancherorts wieder auf der Straße oder auf Schulhöfen zusammentun.

Nicht nur mit Fahrrädern, Rollern und Tretautos und beim Fußballspielen, sondern zunehmend mit Spielsachen, die einiges mehr an Geschicklichkeit erfordern, nämlich Rollerskates und Skateboards, seltener mit Springseilen und Stelzen, und immer häufiger mit Einrädern, Diabolos und Jonglierbällen. Das kommt der Bewegungsnatur der Kinder natürlich sehr entgegen. Sie erwerben sich motorische Geschicklichkeit, erobern sich Räume, schulen ihren Gleichgewichtssinn und treffen sich dabei meist noch mit anderen.

Besonders sinnvoll für die Bewegungsentwicklung und den Gleichgewichtssinn sind die immer stärker in Mode gekommenen „Zirkusutensilien" für Jonglage und akrobatische Aktionen. Oft münden derartige Spiele darin, dass sich Kinder ganze Zirkusprogramme dazu ausdenken und sich richtige Choreografien erarbeiten. Da haben dann auch die kleinen Mitspieler mit Clownsnummern und Purzelbäumen ihren Platz.

Kinder düsen mit ihren Einrädern durch die Gegend und üben sich gleichzeitig noch darin, Bälle zu jonglieren. Andere haben vom Sperrmüll große zylinderförmige Rollen besorgt und versuchen, darauf zu laufen. Diabolospieler sind erfinderisch darin, sich immer kompliziertere Kunststücke auszudenken und die Springseilkünste werden nicht nur allein, sondern zu zweit mit einem kleinen Seil oder mit vielen Kindern mit einem großen Sprungseil ausgeübt. Mit welcher Eleganz manche Kinder ihre Skateboards handhaben, nötigt meinen ganzen Respekt ab.

Hier entdecken die Kinder viele neue Möglichkeiten der Bewegungsschulung, die ihnen offensichtlich Spaß machen. An dieser Stelle scheint vielleicht wieder eine neue Spielkultur zu entstehen, die Kinder nach draußen lockt und Kinder verschiedener Altersstufen zusammenbringt.

Schön, wenn Eltern alle diese Argumente für das freie Spiel draußen einsehen. Was aber ist zu tun, wenn sie gleichzeitig nicht genug Mut besitzen, die Kinder einfach loszulassen?

Wie könnte hier Abhilfe geschaffen werden?

Beispielsweise könnten sich vermehrt Familien- oder Elternzentren bilden oder genutzt werden, um nicht nur den Kontakt der Familien untereinander zu pflegen, sich gegenseitig zu helfen, zu bestärken und anzuregen, sondern auch, um wieder neue Freiräume für ihre Kinder zu schaffen, indem sie der Stadt Gelände abtrotzen, das wild und ungepflegt ist und den Kindern ungehindertes Spiel erlaubt. Ein Erwachsener in der Nähe, der in der Not zur Verfügung steht und sich ansonsten diskret zurückhält, ist zur Nervenberuhigung der Eltern auch für die Kinder akzeptabel.

Ein afrikanisches Sprichwort sagt: Um ein Kind zu erziehen, braucht es ein ganzes Dorf.

Wenn sich somit die Erziehungsverantwortung wieder auf mehrere Schultern verteilen würde durch Menschen, die sich in wesentlichen Erziehungsfragen einig sind, könnten wieder neue Spielräume – im weitesten Sinne gemeint – für Kinder entstehen. Gibt es kein Elternzentrum in der Nähe, ist es – wie gesagt – ja schon eine Hilfe, wenn sich zwei oder drei gleich gesinnte Familien zusammentun, die ein unbebautes Gelände auskundschaften oder abwechselnd die Kinder in den nächsten Stadtwald fahren.

Für viele Eltern wäre es schon Beruhigung genug, zu wissen, dass das Kind nicht alleine draußen ist, sondern eingebunden in einer Spielgruppe die Gegend erkundet.

Darüber hinaus sollte es in allen Betreuungseinrichtungen, seien es Kindergärten, Horte oder Kitas, Naturerfahrungsräume geben. In jedem Wohnviertel müssten Freiflächen vorhanden sein, in denen Kinder ungestört spielen können, statt TÜV-geprüfter Spielplätze braucht es Hecken und Bäume, die von den Kindern benutzt werden dürfen.

Einige Kommunen, wie zum Beispiel Freiburg, versuchen bereits, solche Wege zu gehen.

Die Kinder

Nach dem Gewitter
üben sie Gummispringen,
verschiedene Figuren,
Zitrone, Apfelstrudel, Rollmops,
Hexenküche und Nadelöhr.
Das Mädchen mit dem Käfergesicht
gibt bald auf,
betrachtet stattdessen das Abendrot an der Hauswand,
nachher das Wasser im Rinnstein,
wie es eilig den Gully sucht.
Träum nicht, ruft eine Freundin,
ehe die Kühle
zu ihnen tritt
und die Lampen
hinter den Fenstern
sich selbst entzünden.

Walter Helmut Fritz

Regelspiele

Wenn Kinder sich nicht dem reinen Fantasiespiel hingeben, spielen sie vor allem Regelspiele jeder Art. Oberflächlich gesehen kommen uns diese Spiele vielleicht oft sinnlos und kindisch vor, manche – inhaltlich gesehen – möglicherweise sogar unerträglich (Was? Mein Kind spielt „Wer hat Angst vorm schwarzen Mann"? Ich hab es doch gewiss nicht rassistisch erzogen!) Versuchen wir einmal, an einigen Spielelementen die tiefere Bedeutung dieser Spiele zu verstehen.

„Guck-Guck-Da!"

Schon das wenige Monate alte Kind spielt mit großer Ausdauer und ebensolchem Vergnügen mit dem Erwachsenen oder dem älteren Geschwisterkind „Guck-Guck-Da!". Sie kennen das alle: Das Kind bedeckt sein Gesicht mit einem Tuch (oder das der mitspielenden Person) um es unter erleichtertem „Da!" wieder zum Vorschein zu zaubern, indem es das Tuch abzieht. Das Spiel verläuft natürlich ähnlich von dem Erwachsenen initiiert, indem dieser seinen Kopf bedeckt oder versteckt. Warum will das Kind das immer wieder und wieder erleben?

Nun, wir wissen, wie stark die Verbindung vor allem zwischen Mutter und Kind in diesem Alter ist. Das Kind muss aber notgedrungen aushalten, dass die Mutter zeitweise nicht zur Verfügung steht und der Abschiedsschmerz in einer solchen Situation kann sich sehr heftig äußern. Im Spiel nun wiederholt das Kind dieses Erlebnis und lernt dabei zweierlei. Einmal lernt es, dass Dinge, die verschwinden, nicht ein für alle Mal weg sind, sondern dass sie zurückkommen können (somit also auch die Mutter, wenn sie weg geht, nicht ein für alle Mal verschwunden ist) und es lernt andererseits, dass es aktiv Einfluss nehmen kann auf seine Umwelt. Im Spiel kann es selbst Kontrolle ausüben darüber, wie lange das Verschwunden-sein dauern soll. Ein weiterer Effekt bei diesem Spiel ist der kommunikative. Das Spiel zwischen Mutter und Kind ist für beide Seiten beglückend, sie teilen ein gemeinsames Erlebnis.

Die gleiche Erfahrung kann das Kind beim Spiel mit dem Ball machen, durch Wegrollen oder -werfen und wieder zurückholen, allein oder im Spiel mit anderen, wie Friedrich Fröbel herausgefunden hat: „Was es (*das Kind*) bisher schon so oft durch die Mutterbrust unmittelbar gefühlt hat: Einigung und Trennung, das nimmt es jetzt außer sich an einem Gegenstand wahr; und so befestigt, stärkt und klärt sich ihm durch die Wiederholung dieses Spiels das in das ganze Leben des Menschen so tief eingreifende Gefühl und die darum so wichtige Wahrnehmung des Eins- und Einigseins und des Gesondert- und Getrenntseins, des Habens und Gehabthabens".[72]

Das Versteckspiel

Das ist sicher eines der beliebtesten Regelspiele der Kindheit überhaupt. In unzähligen Variationen wird es von allen Altersstufen schon seit Hunderten von Jahren gespielt. Die Regeln können immer neu definiert und der jeweiligen Spielgruppe angepasst werden. Die wesentliche Erfahrung dabei, außer den bereits oben genannten, ist die: Ich werde vermisst, jemand sucht nach mir, und wenn ich nicht da bin, kann das Spiel nicht weitergehen. Auch wenn ich nicht gesehen werde, so werde ich doch nicht vergessen. So verleiht das Spiel – und im übertragenen Sinn dem eigenen Leben – Sinn und Würde. Wird das Spiel mit „Abschlag" oder „Haus" gespielt, also mit einem Ort, an dem ich sicher bin, von dem ich mich aber – so lautet die Regel – weit genug wegbewegen muss, kommt noch eine weitere Nuance hinzu, die auch für das „Fangen" gilt: der eigene Mut ist nun gefragt. Wie weit traue ich mich fort, erreiche ich noch rechtzeitig den Schutz des Hauses? Das Kind kann hier immer neu für sich ausprobieren, ohne dass es eine ernsthafte Konsequenz nach sich zöge, was es sich schon alleine zutraut, es kann seinen Mut dabei stückweise entwickeln, angefangen von Zweierverstecken (d.h. je zwei Kinder verstecken sich gemeinsam) bis zu dem wirklich aufregenden „Verstecken im Dunkeln", das entweder bei gelöschtem Licht und heruntergelassenen Rollläden oder abends auf unbeleuchteten Straßen oder im Wald gespielt wird.

---

[72] Friedrich Fröbel, zitiert nach: Flitner, Spielen-Lernen, S. 18

„Blindekuh"

Alle „Blindspiele" dienen in erster Linie der Angstüberwindung. Die Angst vor der Dunkelheit und die Angst davor, verlassen zu werden, kennt jedes Kind. Mit dieser Art von Spiel erlebt das Kind die Angst „von außen" (d.h. in dem Falle, in dem es dasjenige ist, dem nicht die Augen verbunden sind), es ist also der Überlegene, der nicht die Angst erleidet. Es ist nicht derjenige, der ihr ausgeliefert ist – diese Situation kennt es aus seiner realen Erfahrung gut genug – sondern es kann sie sozusagen beobachten. Ist es selber derjenige mit den verbundenen Augen, also die „Blindekuh", hat das Kind es in der Hand, diese Angst zu steuern, sei es, dass es ein bisschen mogelt oder, wenn die Angst zu groß wird, einfach die Augenbinde entfernt.

Eine Veränderung der räumlichen Umgebung ist beim „Blindekuhspiel" nicht erlaubt, die Mitspieler dürfen sich aber sehr wohl im Raum bewegen. Dadurch erteilt uns dieses Spiel noch eine andere Lektion, nämlich die, inwieweit unsere Sicherheit in der physischen Welt von der Beständigkeit der Dinge abhängt und wie viel Vertrauen wir unseren Mitmenschen entgegenbringen, bzw. im umgekehrten Fall, ob und wie sehr wir geneigt sind, die schwache Situation des Nicht-Sehenden auszunutzen. Ich habe durch meine Theaterarbeit viele Gelegenheiten gehabt, auch Erwachsene bei solchen Spielen zu beobachten und deren wesentliche Erfahrungen mit sich selbst und deren Einsichten in der Reflexion danach zu teilen. (Da liegt im Übrigen beim Erwachsenen die Attraktivität von Kinderspielen: dass die Erwachsenen nicht auf der Ebene des Erlebens stehen bleiben, sondern sich zwar erst ganz unbedarft auf Kinderspiele einlassen können, aber durch ihre Reflexionsfähigkeit wesentliche Erkenntnisse über die menschliche Natur und damit auch über sich selbst gewinnen können.)

Für die heutige Zeit erachte ich diese Art von Spiel noch aus einem anderen Grund als sehr wesentlich. Wir sind heute mehr denn je Augenmenschen. Das Auge ist das Sinnesorgan, dem wir am meisten vertrauen. Ist es ausgeschaltet, fühlen wir uns erst einmal hilflos. Wir können aber auch sehr bald erleben, in welchem Maße sich unsere anderen Sinne schärfen, wenn wir die Augen nicht zur Verfügung haben. Vielleicht wird uns nie sonst so deutlich bewusst, welch differenzierte Wahrnehmungen wir beispielsweise durch unseren Tast- und Hörsinn machen können, die viel genauer und tiefer gehend sein können als das, was wir gewöhnlich durch das Sehen erleben.

Im Rahmen einer Theaterarbeit musste ich mich einmal über drei Stunden mitten in München mit verbundenen Augen fortbewegen. Nachdem die ersten Ängste durch die überwältigende Sinnesflut an Geräuschen und Gerüchen überwunden war, fühlte ich mich hellwach und gewann zunehmend Sicherheit. Die mir vorher unbekannten Straßen, die ich damals „blind" gegangen bin, habe ich in so deutlicher Erinnerung behalten wie die Straßen meiner Kindheit.

Die „Angstlust" zeichnet auch viele andere Spiele aus, auch das Spiel „Wer hat Angst vorm schwarzen Mann"; ich denke, man kann mit Sicherheit davon ausgehen, dass die

Kinder dabei keine Schwarzafrikaner vor sich haben, sondern damit ihren mehr oder weniger diffusen Ängsten Gestalt geben.

Wie bei allem Spiel gilt auch hier: Das Kind eignet sich spielerisch Welterfahrung an und zwar sozusagen in „portionierter" Form, das heißt, die Erfahrungsmöglichkeiten bleiben überschaubar, es kann handeln und sein Handeln modifizieren, ohne ernste Konsequenzen zu befürchten und es kann in der Welt (des Spiels) nach eigenen Regeln handeln oder sie im Einvernehmen mit anderen ändern.

Die Kinder müssen, wenn sie sich im Spiel auf Regeln einigen wollen, viele verschiedene Fähigkeiten besitzen, beziehungsweise sie erlernen diese Fähigkeiten gerade dadurch. Sie müssen regeln und Bedingungen mit anderen aushandeln, dazu müssen sie argumentieren können, sie brauchen Empathie, um die Beweggründe des anderen zu verstehen, sie brauchen Toleranz, zum Beispiel um Kleinere ins Spiel integrieren zu können, sie müssen Frustration aushalten können (wenn man bei dem Spiel verlieren kann oder das selbst gesteckte Ziel nicht erreicht), sie müssen innerlich beweglich sein, um sich auf immer neue Situationen einstellen zu können.

Sie brauchen natürlich auch verschiedene Fertigkeiten, wie: schnell laufen und schnell reagieren können, spontane Einfälle schnell umsetzen können, sie müssen schnell Absprachen treffen können und dabei auch überzeugen können, sie brauchen Führungsqualitäten und sie üben Fairness.

Bei von außen auferlegten Spielregeln, die die Kinder in Wettbewerbssituationen bringen, vor allem bei den Spielen oder Sportarten, die Körperkontakt beinhalten, geht es vorrangig darum, seine Aggressionen beherrschen zu lernen. Die äußeren Regeln setzen der Aggression klare Grenzen, trotzdem erlaubt es der Sport, die Aggression einzusetzen und zu einer konstruktiven Sache zu machen. Selbstbeherrschung und Körperbeherrschung sind gleichermaßen gefragt.

Vorrangig bleibt in meinen Augen bei den Kindern auch bei diesen Spielen der Wettstreit mit sich selbst vor dem Siegenwollen. Das Kind will sich und anderen beweisen, was es zu leisten im Stande ist und gewinnt Zuversicht und Selbstvertrauen nicht zuletzt auch durch die Anerkennung, die es dafür bekommt. Fühlt es sich nicht erst dadurch bestätigt, dass es selbst gut gespielt hat, und nicht dadurch, dass seine Mannschaft - vielleicht aus einem glücklichen Zufall heraus - gewonnen hat?

Damit Sie nicht den Eindruck gewinnen, in mir einen Gegner festgelegter Spiele oder Spielregeln gefunden zu haben - ich möchte noch einmal betonen, dass es eine Frage des Alters der Kinder ist, wann derartige Spiele angebracht sind, aber Spiele nach festen Regeln keinesfalls wertlos sind - möchte ich ein Spiel betrachten, das ein rein intellektuelles Spiel ist:

Das Schachspiel

Hier sind die Regeln genau vorgegeben, es bleibt kein Spielraum für eigene Interpretationen, es ist außerordentlich wenig kommunikativ, jedenfalls, was die verbale Kommunikation angeht (meist sitzen sich die Spielpartner, oft über Stunden, stumm gegenüber), das sinnliche Erleben daran ist minimal, es fördert keine direkten sozialen Fähigkeiten, es fordert in keiner Weise die Bewegung heraus und es bedarf keiner manuellen Geschicklichkeit. Man könnte also meinen, dass dieses Spiel außerordentlich wenig zu bieten hätte, und doch heißt es das königliche Spiel. Warum?

Schach ist das Spiel, bei dem nichts mehr dem Zufall überlassen ist, es ist ein rein geistiges Spiel, das den Spielern ein Höchstmaß an Konzentration, strategische Planung und Vorausschau abverlangt. Wenn ich bei diesem Spiel nicht gewinnen will, das heißt, wenn ich nicht versuche gut zu spielen, weil mir das Ergebnis gleich ist, ist es absurd, überhaupt zu spielen. Das bedeutet nicht, dass nicht auch eine gut gespielte, aber verlorene Partie hoch zufrieden stellend sein kann. Da das Spiel kämpferisch ist, ist der Spieler gezwungen, seine Emotionen zu sublimieren, es fördert also in hohem Maße die Selbstbeherrschung.

Interessant ist die psychologische Deutung dieses Spiel, wie sie Bruno Bettelheim gibt: „Jede Figur bewegt sich auf die für sie allein charakteristische Weise, und man muss die Vorteile und Nachteile der einzelnen Züge kennen. So lehrt das Spiel auf symbolische Weise, wie man seine speziellen Talente und seinen Platz in der Gesellschaft kennen und nutzen muss, um seine besonderen Möglichkeiten optimal wahrnehmen zu können…Man muss in der Lage sein, die wahrscheinlichen Gegenzüge des Gegners abzuschätzen, so wie wir im Leben die wahrscheinlichen Reaktionen auf das, was wir tun und lassen, erwägen und voraussehen müssen – eine Fähigkeit, die für ein erfolgreiches Zusammenleben von größter Wichtigkeit ist."[73] Bei allen positiven Lernmöglichkeiten, die sich in dieser Beschreibung ausdrückt, zeigt es doch auch deutlich die Grenzen dieser Art von Spiel. Sind es doch eher „systemerhaltende", konservative Merkmale des gesellschaftlichen Lebens, die hier beschrieben werden, ein zukunftsorientiertes, schöpferisches Umgestalten der Wirklichkeit wird hier gewiss nicht erübt. (Man könnte als „Pferd" schließlich auch mal versuchen wie ein „Springer" zu gehen!) So wie hier eher gesellschaftlich gewünschte und notwendige soziale Eigenschaften erprobt werden, so werden im freien Spiel und im Spiel nach selbst gesetzten Regeln die Möglichkeiten der individuellen Ausgestaltung des Lebens ausprobiert. Beides hat seinen Platz und seine Berechtigung.

---

[73] Bruno Bettelheim, Ein Leben für Kinder, S. 281

Sonderbares Kind

*Das Mädchen mit Locken sagte
ihre Haare seien Schlangen
zwar unsichtbar für andere
aber sie könnten
sichtbares Feuer speien
das werde alles verbrennen
man war nicht zu Stein erstarrt
sondern man gab ihr
eine Wahrheitsdroge
ein Präparat das fast immer
sicherstellt, dass der Patient
die Wahrheit sagt
Es heißt sie nahm nichts zurück
Die Klinik verbrannte*

Erich Fried

Rollenspiele

Wenn Kinder spielen, spielen sie – wie wir bereits gesehen haben – sehr häufig Rollenspiele. Sie verfolgen damit verschiedene Zwecke – unbewusst natürlich – und tun das auf unterschiedliche Art und Weise. Häufig erleben wir Kinder in Erwachsenenrollen, zum Beispiel als Verkäufer, Ärztin, Müllmann, Friseurin oder als Vater und Mutter. Wir erleben sie auch als König, Ritter, Prinzessin, Hexe und Drache. Kinder schlüpfen selbst in die verschiedenen Rollen, indem sie sich mit den nötigen Attributen versehen, sei es ein Hut, eine Schubkarre, Stöckelschuhe oder ein Zaubermantel, sie lassen ihre Puppen sprechen oder schlüpfen in Handpuppen. Auch wenn Kinder ihren Tagträumen nachgehen und sich selbst als Helden und Heldinnen imaginieren, ist das ein Rollenspiel.

Das Spiel der äußeren Welt

Wenn sie Erwachsenenrollen übernehmen, gestalten sie erlebte Rollen ihrer sozialen Wirklichkeit nach. Man nennt diese Art von Rollenspiel deshalb in der Psychologie das soziale Rollenspiel. Alles, was sie fasziniert und was sie noch nicht dürfen (z.B. Auto fahren), spielen sie nach. Sie erleben im Spiel die Macht, die eine soziale Funktion verleiht. (Erwachsene dürfen daher auch meist, wenn sie überhaupt mitspielen dürfen, nur untergeordnete Rollen einnehmen). Sie spielen so realitätsnah wie möglich alle sozialen Rollen, die sie zu durchschauen vermögen. Dennoch können kleine Kinder die Tätigkeiten, die sie am Erwachsenen beobachten, erst verstehen, wenn sie sie nachahmen.

Abweichungen von der Realität sind meist erst einmal weder erwünscht, noch werden sie ausprobiert. Das Spiel macht für sie Sinn im Hinblick auf die Tätigkeit, nicht in Bezug auf die dahinterstehende Person, d.h. kennen die Kinder einen unfreundlichen Briefträger, geht es nicht darum, einen unfreundlichen Menschen zu spielen, sondern nur um die Tätigkeit des Austragens von Briefen an sich.

Die Fähigkeit zum Rollenspiel setzt voraus, dass das Kind schon eine gewisse Unterscheidung zwischen sich und seiner Umwelt treffen kann, das heißt, das eigentliche Rollenspiel beginnt ungefähr mit dem 3. Lebensjahr.

Kaum ein anderes Spiel ist so geeignet, das Sprachvermögen zu erweitern, weil das Kind bemüht ist, auch sprachlich die Rolle, die es spielt, auszufüllen, und weil bei diesem Spiel die sprachliche Interaktion mit den Spielkameraden meist im Vordergrund steht.

„Der Sprachgewinn der Kinder durch die Übung im soziodramatischen Spiel ist also nicht ein zufälliges Nebenergebnis, sondern aus dem hier gelungenen Ineinander von selbstentwickeltem Spiel und innerer Stimulation durch die Spielrollen durchaus erklärlich. Ja, vielleicht wird eine nachhaltige Sprachförderung bei sozial benachteiligten Kindern nur dann gelingen, wenn solche Spielformen systematisch ausgebaut werden können, in denen sich Erfahrungsgewinn, Handlungsmöglichkeiten und Sprechmotivation miteinander verbinden."[74]

Kinder versuchen durch die Rollenübernahme mögliche zukünftige Rollen auszuprobieren, eine Tätigkeit, die deshalb so wichtig ist, weil wir uns als Erwachsene in den unterschiedlichen sozialen Rollen, die wir zu spielen haben, zurechtfinden müssen. Ob wir den gesellschaftlich gegebenen Rahmen der einzelnen Rolle einhalten wollen oder können, oder ob wir uns von den verschiedenen Rollen wieder zu distanzieren im Stande sind und die „Spielräume", die die Rollen zulassen, ausnutzen, hängt von der Persönlichkeit des einzelnen ab, das heißt genauer, davon, inwieweit er soweit Rollendistanz gewonnen hat, dass seine Individualität diese Rollen prägt und nicht umgekehrt die Rolle die Persönlichkeit prägt. Insofern ist es ungemein wichtig, dass Kinder im Spiel verschiedene Rollen ausprobieren und sich in sie einfühlen, weil das die Voraussetzung darstellt für die Möglichkeit einer zukünftigen Rollenbestimmung und Rollendistanz.

Das Kind bereitet im Spiel die Fähigkeit vor, auszuloten zwischen der empathischen Einfühlung in einen anderen und der eigenen Identität.

---

[74] Flitner, Spielen-Lernen, S.108

Das Spiel der inneren Welt

Für die Entwicklung des Selbst dient eine andere Art des Rollenspiels. Dieses Spiel ist mehr mit Fantasietätigkeit verknüpft und wird auch erst zu einem späteren Zeitpunkt – frühestens ab 4 Jahren – wichtig.

Hierbei verwandeln sich die Kinder in Superman, die Prinzessin und den Tiger, sie verfügen plötzlich über ungeahnte Zauberkräfte, werden unbesiegbar oder gefährlich. Gerade an dieser Art von Spiel kann man studieren, wie nah an der eigenen inneren Realität der Kinder diese Spiele angesiedelt sind. Ich habe eine Situation erlebt, in der ein kleiner Junge in Tränen ausgebrochen ist, weil sein Vater ihn als König nicht ernst genommen hat und nicht gewillt war, den königlichen Anweisungen Folge zu leisten. „Du hast ganz vergessen, dass der König immer der Bestimmer ist!"

Ein anderer Junge, der sich über Mittag in einen wilden Löwen verwandelte und dessen Mutter ihm daraufhin den nötigen Respekt entgegenbrachte, wurde es plötzlich selber unheimlich und er flüchtete sich ein bisschen ängstlich in ihre Arme und flüsterte: „Jetzt bin ich aber doch wieder dein lieber Basti".

Was tut das Kind, wenn es sich dieser Art von Fantasien hingibt? Es versucht andere unter Kontrolle zu bekommen, Macht auszuüben oder es versucht, seinem eigenen „inneren Tiger" Raum zu geben, d.h. seine Triebe und Begierden ungestraft auszuleben, aber auch ihn zu zähmen. (Es gibt in diesem Zusammenhang eine interessante Untersuchung über die Aggressionsäußerungen von Kindern. Demnach zeigen Kinder, deren aggressive Impulse durch Bestrafung unterdrückt wurden, weniger aggressives Verhalten als Kinder, die dafür nur mittelmäßig bestraft wurden. Untersucht man aber deren Aggressionsfantasien im Puppenspiel, zeigt sich, dass die Aggression ansteigt mit dem Maß der Bestrafung ihres realen Verhaltens.)

Daher hat diese Art von Spiel eine ebenso wichtige Funktion wie das soziale Rollenspiel. Hier geht es stärker um die sich herausbildende Individualität des Kindes, es befreit sich dadurch von seinen Ängsten, findet Lösungen für seine Probleme und lernt sein inneres Leben kennen. Es dient ihm zur Lebensbewältigung.

Im folgenden Kapitel will ich näher darauf eingehen.

„Du hast Angst, weil deine Welt, deine sichere Welt, in der du die Dinge erkennen konntest, verschwunden ist, weil du jetzt siehst, dass die Dinge sich jeden Augenblick neu erschaffen und dass sie leben. Ihr denkt immer, eure Welt wäre die wahre, aber das stimmt nicht, die meine ist es, es ist das Leben hinter der ersten, der sichtbaren Wirklichkeit, ein Leben, das greifbar ist und vibriert - und was du siehst, was ihr seht, ist tot."

Cees Noteboom in: Philip und die anderen

„Ich wär´ der Wolf" - Märchen und ihre Bedeutung für das Rollenspiel

Wenn ich hier über Märchen schreibe, meine ich in erster Linie die ursprünglichen Volksmärchen, keine Märchenadaptionen (wie z.B. „Das elektrische Rotkäppchen" von Janosch), auch nicht die abgemilderten Formen, wo die scheinbar grausamen Aspekte weggelassen worden sind. Und ich meine schon gar nicht „Simsalagrimm". Ich meine die Märchen, die früher mündlich weitergegeben, gesammelt und irgendwann aufgeschrieben wurden, die Märchen, deren Bilder echte Urbilder geblieben sind (im deutschsprachigen Raum sind das im Wesentlichen die Märchen der Brüder Grimm) so dass sich jeder Mensch – egal in welcher Kultur oder Sozialisation er aufgewachsen ist – in diesen Bildern mit seinen Ängsten und Nöten, seinen Widersprüchen, seinen Hoffnungen und Sehnsüchten, wiederzufinden vermag.

Märchen sind Seelennahrung für Kinder, sie helfen ihnen, Ordnung in einer schwer durchschaubaren Wirklichkeit herzustellen. Gut und Böse sind eindeutige Kategorien, auf die man sich verlassen kann, und man kann sich auch darauf verlassen, dass die Welt, auch wenn in ihr Unrecht, Grausamkeit und Schlechtigkeit geschehen, am Ende wieder so ist, wie sie sein soll: Die Bösen werden bestraft und die Guten sind die Gewinner. Sie erhalten das Königreich und die Prinzessin. (Auch Vorwürfe von feministischer Seite prallen an den Märchen ab, weil Kinder sehr wohl verstehen – wenn auch auf einer unbewussten Ebene – dass Prinzessinnen nicht gemeint sind als verfügbare Objekte herrschaftsgewohnter Väter, sondern Sinnbilder sind der menschlichen Seele). In den Märchen kann man sich darauf verlassen, dass der Wolf böse ist und der Prinz gut, da gibt es keine kleine niedliche Hexe, die sich nicht mal die wichtigsten Zaubersprüche merken kann oder einen Drachen, der klein und dumm ist und eigentlich nur das Gute will. Warum glauben Autoren, dass, wenn es schon Ungeheuer geben muss, sie dann wenigstens gutmütig sein sollen?

Bruno Bettelheim sagt zu diesem Thema, das Ungeheuer sei dem Kind bestens bekannt und am meisten Sorge bereite dem Kind „das Ungeheuer, als das es sich selbst fühlt und das es auch manchmal verfolgt. Wenn die Erwachsenen von diesem Ungeheuer im Kind nicht sprechen, wenn sie es im Unbewussten versteckt halten wollen und dem Kind nicht erlauben, es mit Hilfe der Bilderwelt des Märchens in seiner Fantasie zu bedenken, lernt das Kind das eigene Ungeheuer nicht besser kennen und erhält auch keinen Hinweis, wie es gebändigt werden kann. Die Folge davon ist, dass das Kind seinen schlimmsten Ängsten hilflos gegenüber steht."[75]

Man befreit Kinder eben gerade nicht von ihren Ängsten, destruktiven Wünschen und Konflikten, wenn man das Böse aus den Märchen herausfiltert, sondern man hilft ihnen, wenn sie das Böse zum Beispiel in Gestalt einer bösen Hexe erleben und diese im Ofen verbrennen können oder das „Wölfische" in sich im Spiel ausleben können und damit beherrschen lernen.

„Ich wär der Tiger"
Im Rollenspiel kann das Kind seinen inneren Impulsen stattgeben und sie damit handhabbar machen

Wir können uns nicht davor verschließen, dass wir als Eltern von Zeit zu Zeit als böse Stiefmutter erlebt werden oder als mächtiger böser Zauberer, aber wir können dem Kind helfen, damit fertig zu werden, indem es durch die Märchen erleben kann, dass man

---

[75] Bruno Bettelheim, Kinder brauchen Märchen, S. 139

diesen Mächten, den Ohnmachtgefühlen und Ängsten nicht hilflos ausgeliefert ist, sondern Möglichkeiten zu einem guten Ende findet. Vor allem, wenn das Kind die Märchen nicht nur hört, sondern auch nachspielt, kann es, ohne ein schlechtes Gewissen haben zu müssen, alle seine Rachegelüste an den bösen Gestalten des Märchens auslassen, die stellvertretend für die strafenden, als ungerecht oder lieblos empfundenen Eltern stehen mögen.

Durch die Abspaltung der Stiefmutter von der guten Mutter kann das Kind unbeschadet seinen Zorn und seine Wut an der negativen Seite der Mutter, also an der Stiefmutter, loswerden. Das ist ihm solange eine Hilfe, als es noch nicht sehen und akzeptieren kann, dass die Mutter beide Seiten in sich vereinigen kann. Diese Bewusstmachung erfolgt eigentlich erst mit dem 9. Lebensjahr. Seine Unterlegenheitsgefühle gegenüber den mächtigen und klugen Erwachsenen, die möglicherweise das Nichtwissen oder Nichtkönnen des Kindes gelegentlich belächeln, werden kompensiert, wenn es erleben kann, dass der Dummling allen Klügeren beweist, dass sie sich in ihm getäuscht und ihn maßlos unterschätzt haben.

Wenn der Held wilde Tiere zu zähmen im Stande ist, erlebt das Kind, dass es Kontrolle über seine Triebe und Instinkte erlangen kann. Kinder, die als „Spätentwickler" gelten, lieben das Märchen, das von dem Jüngling handeln, der jahrelang nichts anderes tut, als auf dem Ofen zu liegen und Sonnenblumenkerne zu essen, bis er eines Tages so stark geworden ist, dass er das Dach des Hauses in die Höhe heben kann und danach große Heldentaten vollbringt.

Die Märchen haben viele Aspekte und viele Ebenen, die man betrachten könnte. Was Märchen für die kindliche Entwicklung zu leisten im Stande sind, kann hier nur angedeutet werden. Die psychologische Seite soll uns hier vorrangig beschäftigen.

Bruno Bettelheim macht die Entwicklungsmöglichkeiten, die im Märchen thematisiert werden, am Beispiel des Märchens „Aschenputtel" (das ich als bekannt voraussetze) deutlich und bezieht sich dabei auf das Entwicklungsmodell von Erikson. Dieser spricht in „Identität und Lebenszyklus" von phasentypischen psychologischen Entwicklungskrisen, die der Mensch durchzumachen hat, bis er echte Identität erworben hat.

„Der Ausgangspunkt ist das *Grundvertrauen* – was durch Aschenputtels Erfahrungen mit der ursprünglichen guten Mutter repräsentiert wird und das diese seiner Persönlichkeit fest eingepflanzt hat. Zweitens kommt die *Autonomie* – wobei Aschenputtel seine einzigartige Rolle akzeptiert und das Beste daraus macht. Drittens die *Initiative* – diese entwickelt Aschenputtel, indem es den Zweig einpflanzt und mit den Ausdrucksformen seiner persönlichen Gefühle, seinen Tränen und Gebeten pflegt. Viertens der *Fleiß* – repräsentiert durch die harte Arbeit, die Aschenputtel leistet, wie das Verlesen der Linsen. Fünftens die *Identität* – Aschenputtel läuft vom Fest weg, versteckt sich im Taubenhaus und im Birnbaum und besteht darauf, dass der Königssohn es in seiner negativen Identität als Aschenputtel sieht und akzeptiert, bevor es seine positive

Identität als Braut annimmt, da jede echte Identität ihre negativen wie auch positiven Aspekte hat."[76]

Aus meiner therapeutischen Praxis weiß ich, dass Kinder immer und immer wieder aus den reichen Märchenbildern die herausgreifen, die für sie im Moment relevant sind, das heißt, diejenigen Bilder, die die Probleme, die die Kinder gerade beschäftigen, repräsentieren. Sie schlüpfen dabei oft in verschiedene Rollen – meistens mittels der Handpuppen –, wie um das Problem zu umkreisen, um es aus verschiedenen Blickwinkeln betrachten zu können bis sie in der Lage sind, für sich – mit meiner Hilfe – eine Lösung zu finden.

Ein Beispiel mag das verdeutlichen (ich greife hier nur einen Aspekt des differenzierten Spiels des Jungen auf): Mario, ein Junge von 8 Jahren, wurde immer wieder, vor allem in der Schule, auffällig durch seine Destruktivität, er schien ständig eine verhaltene Wut in sich zu tragen, die gelegentlich ein Ventil brauchte. Hinterher plagten Mario immer große Schuldgefühle, wenn ein anderes Kind unter ihm zu leiden hatte. Depressive Stimmungen und Wutanfälle wechselten einander ab.

In den Therapiestunden kämpfte ein positiver Held erbittert gegen einen negativen. Beide wurden durch Ritter repräsentiert, einen weißen und einen schwarzen, beide kämpften im Dienste des Königs. Es war an seiner starken emotionalen Beteiligung sehr deutlich, wie sehr „zwei Seelen in seiner Brust" stritten. Der Kampf endete nach langer Zeit nicht etwa damit, dass der gute Ritter endgültig gesiegt hätte, sondern damit, dass sich die beiden miteinander aussöhnen konnten und gemeinsam an einer Tafel saßen. Das ist keine billige Lösung, denn der böse Ritter ist nicht bekehrt, aber Mario hat gelernt, die zwei gegensätzlichen Tendenzen in sich zu akzeptieren, sie miteinander auszusöhnen, und konnte daraufhin, statt drauflos zu schlagen, verhandeln.

Ein anderes Kind, Lars, 9 Jahre, fiel auf durch seine unglaublichen Lügengeschichten, durch die er sich bei seinen Kameraden ebenso unbeliebt machte, wie er den Ärger der Erwachsenen auf sich zog. Wenn er mit seinen Angebereien nicht ankam, konnte er sehr aggressiv werden. Ansonsten wirkte er seelisch sehr unbeweglich, hatte einen meist starren Gesichtsausdruck und wurde von verschiedenen Ängsten geplagt. *(Ich schildere hier nur das Verhalten des Kindes, die Hintergründe, weshalb es sich so verhalten muss, will ich hier aussparen.)*

Er spielte über eine geraume Zeit die Geschichte eines Königs, dessen Schloss von allen Seiten ständigen Angriffen ausgesetzt war. Obwohl er angeblich der beste und stärkste aller Könige war (gespielt von Lars), war seine ganze Zeit damit ausgefüllt, sich Verteidigungsstrategien zu überlegen und komplizierte Anlagen zu bauen, die die Eindringlinge fernhalten sollten. Niemals wagte es der König, seine Trutzburg zu verlassen. Den Feinden (dieser Part war mir als Mitspielerin zugeteilt worden) wurde niemals die

---

[76] Bruno Bettelheim, Kinder brauchen Märchen, S. 322

geringste Chance eingeräumt, sich unbeschadet dem Schloss auch nur zu nähern. Menschen mit guten Absichten gab es nicht, beziehungsweise denen wurde so misstraut, dass sie auch keinen Einlass fanden („zu gefährlich, vielleicht ist ihre Freundlichkeit Tarnung"). Einen ersten Durchbruch in der Therapie gab es, als sich der König – immer noch durch vielerlei Hilfsmittel abgeschirmt und geschützt – aufs offene Meer wagte. Es dauerte lange, bis Lars nach und nach seine Energie auf andere Dinge zu richten im Stande war als auf seine Verteidigung.

Ich denke, es wird deutlich, wie sehr Lars (sein Ich symbolisiert durch den König) seine Lügengeschichten brauchte, um sich selbst zu schützen. Sie waren seine Schutzmauern, hinter denen er sein schwaches Selbstwertgefühl und seine Ängste verstecken musste. Seiner Aussage, er sei der größte und beste, hat er offensichtlich selbst nicht geglaubt. Das aber aufrechtzuerhalten kostete ihn seine ganze Energie. Erst als er spielerisch erfahren hat, dass ihm nichts geschieht, wenn er sich öffnet, konnte er sein Verhalten auch in der Wirklichkeit verändern. Seine Ängste ließen nach und er konnte sich dann in liebevoller Besorgnis einer Puppe zuwenden, für die er mit großem Aufwand ein Haus baute, bei dem es eher um eine schöne und gemütliche Gestaltung ging als um übertriebene Sicherheitsmaßnahmen. Seine sozialen Kontakte verbesserten sich und er konnte sein egozentrisches Verhalten zugunsten eines erhöhten emotionalen Mitschwingens mit anderen erweitern.

Gewiss, es handelt sich hier um eine therapeutische Situation. Viele Probleme werden hier fokussiert und die Kinder spüren, obwohl es nicht ausgesprochen wird, dass sie in dieser Situation jemanden neben sich haben, der ihre Nöte zu verstehen sucht und ihnen beisteht, dennoch kann man ähnliche Spielsituationen auch bei den häuslichen Spielen erleben. Ein gesundes Kind kann seine Ängste durchaus auch ohne einen verstehenden Erwachsenen durch sein Spiel bewältigen.

Was ich daran vor allem auch noch einmal deutlich machen wollte, ist, wie eindeutig die Kinder die Märchensymbolik benutzen. Die Figuren der Märchen können offenbar in viel deutlicherer Weise (nicht eindeutiger!) ihre Gefühle zum Ausdruck bringen, als wenn die Kinder realistische Puppen benutzen würden.

Märchen sind vieldeutig, kraftvoll und klar, wenn Kinder mit Märchen aufwachsen dürfen, haben sie einen Schatz, den viele noch weit ins Erwachsenenleben hinüberretten.

Oder, wie es Novalis formuliert hat:

Wenn nicht mehr Zahlen und Figuren
Sind Schlüssel aller Kreaturen,
Wenn die, so singen oder küssen,
Mehr als die Tiefgelehrten wissen,...
Und man in Märchen und Gedichten,
Erkennt die ew'gen Weltgeschichten,
Dann fliegt vor einem geheimen Wort
Das ganze verkehrte Wesen fort.

Es gibt den Maler,
der aus der Sonne einen gelben Fleck macht,
aber es gibt auch den,
der mit Überlegung und Handwerk
aus einem gelben Fleck eine Sonne macht.

Pablo Picasso

Theater spielen

Was unterscheidet das freie Spiel vom Theaterspiel? Zunächst einmal gibt es ja eine Menge Gemeinsamkeiten: Auch beim freien Spiel schlüpfen die Spieler in verschiedene Rollen, agieren miteinander, versuchen dabei eine gewisse Authentizität, es gibt eine Handlung, die meist eine klaren Handlungsbogen hat. Es gibt einen Regisseur, der allerdings beim freien Spiel wechselt, je nach Spieleinfällen der einzelnen Kinder oder auch abhängig von der hierarchischen Struktur der Spielgruppe. Es gibt oft Kostüme und manchmal ein Bühnenbild, zum Beispiel ein Indianerzelt oder ein Baumhaus.

Das Theaterspiel, das hier gemeint ist und beschrieben werden soll, habe ich viele Jahre mit Kindern und Jugendlichen praktiziert. In ähnlicher Form arbeiten viele Theaterpädagogen mit Kindern. Insofern gibt es auch genügend Literatur darüber. Die Arbeit kann hier nur ansatzweise beschrieben werden. Diese Theaterarbeit hat mehr mit dem spontanen Spiel zu tun als mit der Form des Laientheaters, wie man es aus der früheren Gemeindearbeit oder aus ähnlichen Zusammenhängen kennt, bei dem es in erster Linie darum geht, Rollen in einem festgelegten Stück zu verteilen, die Rollen möglichst gut auswendig zu lernen und dann zu einem bestimmten Ereignis aufzuführen.

Theaterspielen ist oft die natürliche Fortsetzung des freien Spiels. Die Freude daran oder das Bedürfnis danach setzt etwa mit neun Jahren ein, dann hat das Kind bereits ein gewisses Rollenbewusstsein erlangt, das heißt, die Kinder wissen dann, dass das, was der eine in einer bestimmten Situation wahrnimmt, denkt und fühlt, nicht das Gleiche sein muss, was ein anderer in dieser Situation empfindet. Sie können dann auch Rollenmerkmale diskriminieren, das heißt, sie können auch schon einschätzen, wie ein anderer sich möglicherweise in einer bestimmten Situation verhalten könnte.

Sie haben in diesem Alter literarische Vorbilder (Michel aus Lönneberga, Ronja Räubertochter, die rote Zora oder Harry Potter), die jetzt nicht mehr ein allgemeines, gestaltbares Bild verkörpern (den König), sondern deutlich individualisiert sind und in deren Haut sie gerne schlüpfen wollen. Insofern sind sie meist hoch motiviert, sich mit einer literarischen Vorlage zu befassen.

Indem sie sich ihrer Spielrolle nähern, erüben sie Empathie, weil sie versuchen müssen, sich auf die Rollenfigur ein Stück weit einzulassen. Das ist aber längst nicht alles, was sie dabei erfahren – immer vorausgesetzt, man will mit dem Theaterspiel mehr als nur zu einer Aufführung hinstreben – dann nämlich bedeutet die Vorbereitung dazu die meiste und sinnvollste Arbeit. Die Aufführung selbst ist dann nur noch etwas, was wie eine reife Frucht am Ende einer intensiven Arbeit abfällt, die die Kinder auf körperlicher, seelischer und geistiger Ebene geleistet haben.

„Emil und die Detektive"
Um einen Hinterhof darzustellen, braucht es nur einige Versatzstücke, den Rest ergänzt die Fantasie

Zunächst muss nämlich der Körper als das Instrument des Spielers gestimmt werden. Das Körper- und Bewegungsrepertoire muss erweitert werden im Sinne von Lockerung, Bewusstmachung von Bewegungsabläufen, Erfahrungserweiterung des eigenen Körpers, das Wahrnehmungsvermögen muss geschult werden und die Fantasie. Durch Improvisationsübungen und -spiele wird die Spontaneität der Kinder genutzt, um in der freien Situation Sicherheit im Spiel *vor* anderen zu gewinnen und ihr Handlungsrepertoire zu erweitern.

Die Kinder beschäftigen sich mit dem Raum, sie lernen den Raum als vor, hinter, rechts und links deutlicher wahrzunehmen und zu empfinden, sie erleben sich selbst im Raum und sie erleben die Veränderung, die durch die Bewegung im Raum entsteht. Sie spielen mit Sprache, sie stärken ihre Stimme und deren Modulationsfähigkeit und erleben, wie man mit der Stimme seiner Gefühlswelt Ausdruck verleiht.

Sie verfeinern unter der Anleitung des Spielleiters ihr Sinnesrepertoire, zum Beispiel in der Konzentration auf einen oder mehrere Sinne, beziehungsweise Ausschaltung einzelner Sinne. Zu all dem gibt es eine Reihe von Übungen und Spielen, die für die Kinder alles andere sind als Trockenübungen vor dem eigentlichen Spiel. Sie lernen bei der Rollenerarbeitung die innere Motivation ihrer Rollenfigur kennen und verstehen, dass das, was ein Mensch sagt oder tut, divergieren kann von dem, was er meint. Sie lernen in der Improvisation das Zusammenspiel mit anderen, sie lernen die Intentionen des anderen verstehen und in Übereinstimmung mit den eigenen zu bringen.

„Robinson soll nicht sterben"
Das Schlüpfen in andere Rollen erübt Empathie

Die Rollen werden primär nicht auswendig gelernt, sondern gemeinsam über Improvisationen erarbeitet. Erst wenn sich ein brauchbares Handlungsgerüst herausgeschält hat, wird der Text nach und nach fixiert, bleibt aber flexibel.

Das alles ist ernste Arbeit, die gleichzeitig viel Freude macht. So habe ich es häufig erlebt, dass die Arbeit an dem eigentlichen Stück vor Improvisationsfreude für eine lange Phase der zur Verfügung stehenden Zeit in den Hintergrund gerückt ist.

Hier sollen natürlich keine Schauspieler ausgebildet werden, alles geschieht in Ansätzen, aber nähme man die Möglichkeiten nicht ernst, die diese Art von Arbeit bietet, wäre es so, als wollte ich ein Kind Geige spielen lassen, ohne dass es eine Fingerübung macht oder ohne es mit musikalischen Gesetzmäßigkeiten bekannt zu machen.

Das improvisatorische Element jedoch muss auch noch in der Aufführung vorhanden sein dürfen, Perfektion ist Kindern – jedenfalls den Jüngeren – noch nicht gemäß und würde die Spielfreude ersticken.

Gearbeitet wird außerdem nach dem Prinzip des „armen Theaters" von Peter Brook, das heißt, es wird nur soviel an Kostüm und Ausstattung verwendet, als nötig ist, um der Fantasie der Spieler, aber auch der Zuschauer, noch genügend Raum zu lassen. Diese Arbeitsweise wirkt wiederum anregend zurück auf das nicht angeleitete Spiel zu Hause, weil die Kinder verstehen, dass man auch zum Theaterspielen so gut wie nichts braucht. Wenn überzeugend gespielt wird, glauben die Zuschauer den Spielern, dass der gelbe Fleck eine Sonne ist.

Das Theaterspielen ernst genommen, beinhaltet es alle Elemente des freien Spiels und schult die gleichen Fähigkeiten, die ein Kind über das Spielen erwerben kann und über die wir hier so ausführlich sprechen. Dadurch, dass nicht einfach „drauflos" gespielt wird, sondern der Inhalt, die Rollenfigur und das Spiel thematisiert werden, bekommt das Spiel eine neue Qualität, es wird überhöht, verdichtet und wird – weil man um eine Einheit von Inhalt und Form bemüht ist und deshalb Kulisse, Requisiten und Kostüme abstimmt – damit zum Gesamtkunstwerk.

Wenn alle Nachbarn schlafen gegangen
Und alle Fenster dunkel sind,
Bin ich noch wach mit heißen Wangen,
das heimatlose Königskind.

Dann schmück ich mich mit Purpurträumen,
Mit Gürtel, Krone und Geschmeid,
Dann rauscht mit goldverbrämten Säumen
Um meine Knie das Königskleid.

Und meine Seele reckt sich mächtig
In Lust und Sehnsucht, stark und bleich,
Und schafft sich stumm und mitternächtig
Ein mondbeglänztes Heimwehreich.

Hermann Hesse

Was ist nötig?

Fantasie und Kreativität

Fantasie und Spiel im engen Sinne sind ohne einander nicht denkbar. Besonders beim kleinen Kind (ab etwa 3 Jahren) gilt: ein Kind kann ohne Fantasie nicht spielen und jede Fantasie ist Spiel. Selbst dann, wenn das Kind nur fabuliert, spielt es, denn es tut so „als-ob". Jede Bewegung des kleinen Kindes hat etwas mit Fantasie, mit Bildhaftigkeit zu tun. Wenn ein Kind springt, so ist es in seiner Vorstellung vielleicht ein Pferd oder seine Arme sind die Rotationsflügel eines Hubschraubers. Wenn Bewegung um der Bewegung willen getan wird, ist es kein Spiel im eigentlichen Sinn mehr, dann ist es Sport.

Bei anregungsarmem Milieu droht die originäre Fähigkeit von Kindern, eigenschöpferisch tätig zu sein, zu verkümmern. Werden Kinder jedoch überflutet von Eindrücken, die sie zum passiven Konsum zwingen, durch Medien wie Fernsehen, Computer usw. weil diese sie sozusagen bannen, sind die Gefahren mindestens ebenso groß. Sie werden mit vorgegebenen Bildern geradezu bombardiert in einer solchen Geschwindigkeit und Festgelegtheit, dass den Kindern keine Chance bleibt, eigene Bilder zu entwickeln. Sie können sich keine bildhaften Vorstellungen mehr machen. Die Fantasie wird durch das Überangebot gebunden. Wenn man liest oder vorgelesen bekommt, wenn man träumt oder Geschichten erfindet, wenn jemand einem erzählt, entstehen innere Bilder. Das Kind hat dann ein eigenes Bild von „seinem" Wald, „seinem" Schloss und „seiner" Prinzessin. Wenn es das alles durch äußere Bilder in Form von Filmen vorgesetzt bekommt, verkümmert diese Fähigkeit allmählich. Auch das Spiel wird ihm erschwert, denn nie wird das, was es im Spiel entwickelt, so perfekt, wie es die Medien können.

Hat das Kind aber Zeit und Muße, lebt es in einer Atmosphäre des Vertrauens, in einem Zusammenhang, in dem seinem Spiel Interesse entgegengebracht wird, entwickelt es ein reiches Fantasieleben und eine Menge kreativer Ideen.

Nicht jedes Kind sprudelt immer vor Ideen, ja, manchmal entsteht Kreativität erst um den Preis längerer Perioden der Langeweile und der Untätigkeit. Der Choreograph Royston Maldoom, bekannt geworden durch seine künstlerische Arbeit mit „Problemkindern" und seinen Film „Rhythm is it!", setzt gerade auf die Langeweile als Vorbereitung für den künstlerischen Prozess. „Langeweile gebiert Kreativität." Also müssen und dürfen Kinder sich manchmal langweilen und oft ist es wenig hilfreich, wenn der Erwachsene meint, ständig die Zeiten des Nichtstuns füllen zu müssen.

Fantasie und Kreativität sind gerade für den heutigen Menschen unerlässlich, denn genau das sind Fähigkeiten, die uns durch keine Maschine abgenommen werden können. Wir brauchen sie bei komplizierten Problemlösungen genauso wie dabei, über imaginative innere Bilder Wirklichkeit zu erfassen. Wir können nichts Neues entwickeln und wir verlieren letzten Endes auch die Fähigkeit, den anderen Menschen zu verstehen, weil wir uns nicht mehr wirklich in ihn hineinversetzen können.

Das Gegenteil von einem kreativen Verhältnis zur Welt ist die Angepasstheit. Wenn ich der Welt nicht kreativ begegnen kann, stellt sich leicht ein Gefühl von Nutzlosigkeit und Sinnlosigkeit ein. Winnicott vertritt die Auffassung, dass kreativ leben ein Zeichen von Gesundheit ist und dass Übergefügigkeit eine krankhafte Basis für das Leben darstellt. Kreativität gehört zum Lebendigsein. Fantasievolle und kreative Menschen in diesem Sinne sind eigenständig denkende und handelnde Menschen, flexibel, neugierig, aktiv, lebendig und unabhängig.

Nur am Rande sei hier noch hingewiesen darauf, dass der Umgang mit der „Freizeit", die schon heute mehr als die Hälfte der statistischen Lebenszeit ausmacht, für den Erwachsenen zunehmend an Wichtigkeit gewinnt. Wenn man vor allem des letzte Viertel der Lebenszeit in Betracht zieht, in dem der ältere Mensch in der Regel keiner beruflichen Tätigkeit mehr nachgeht, durchaus aber noch Kapazitäten übrig hat für sinnvoll gestaltete Zeit, wird deutlich, dass sich der Mensch spielerisch-kreative Möglichkeiten in der Gestaltung seiner freien Zeit aneignen muss. Die Altersforschung macht allerdings deutlich, dass diesbezügliche Grundlagen in den ersten drei Vierteln des Lebens gelegt werden müssen. Lebensglück und Lebensqualität werden davon abhängen, ob Menschen Kreativität, Fantasie und Experimentierfreude entwickelt haben.

Der Hirnforscher Gerald Hüther berichtet, dass die Art und Weise der in unserem Gehirn angelegten Verschaltungen zwischen den Nervenzellen, die unser Denken, Fühlen und Handeln bestimmen, abhängig davon sind, wie wir unser Hirn benutzen, was wir denken und empfinden. Diese Nervenwege - er vergleicht sie hier mit Pfaden - werden „im Laufe unseres Lebens und in Abhängigkeit davon, wie oft wir sie in unseren Gedanken beschreiten, zu leicht begehbaren Wegen, zu glatten Straßen oder gar zu breiten Autobahnen. Wem es wichtig geworden ist, sein Ziel möglichst schnell durch die Nutzung des existierenden Autobahnnetzes zu erreichen, der übersieht allzu leicht verträumte Pfade, die sonnigen Feldwege und die beschaulichen Nebenstraßen, die ebenfalls dorthin führen. Sie wachsen so allmählich zu und sind irgendwann kaum noch begehbar."[77]

Das heißt, wenn wir unser Potential an Fantasie und Kreativität nicht nutzen, wird unser Denken, Fühlen und Handeln stark auf eingefahrene Muster eingeschränkt. Kinder haben diese kreativen Fähigkeiten zur Verfügung, aber ohne Nutzung verkümmern sie.

Freies, fantasievolles Spiel erlaubt, alles und jeder zu sein, sich in neue, zukünftige Welten zu träumen, alles Gewohnte umzuwerfen oder zumindest anders zu sehen, unbeschadet Dinge zu erproben, neue Rollen einzunehmen, Himmel und Hölle in Bewegung zu setzen und dennoch ist es etwas anderes als Fantastik. Das, was Kinder beim Spielen bewegt, ist nicht etwas rein „Ausgedachtes", sondern entspringt in irgendeiner Form der inneren oder äußeren Lebenswirklichkeit des Kindes, seinen inneren Bildern oder seiner äußeren Erfahrung. Aber alles ist gestaltbar.

Wenn wir die Welt, wie sie ist, nicht als unveränderbar hinnehmen wollen, brauchen wir Kapazitäten, die es uns ermöglichen, sie zu verändern. Ohne Fantasie und Kreativität wird es uns nicht gelingen.

Wenn wir den anderen Menschen in seinem tiefsten Inneren verstehen wollen, und damit auch uns selbst, brauchen wir sie ebenso sehr.

„Es ist die Fantasie, die uns hinüberführt ins Wesen des anderen, um das eigene zu urfinden. Intuition ist Liebe, Vereinigung aus Freiheit, aus schöpferischer Fantasie, Wiedererkennen des Eigenwesens im Wesen der Mitwelt und umgekehrt."[78]

Es wird von einem alten Brauch berichtet, nach dem der Hofnarr zum "König für drei Tage" gemacht und dann getötet wurde. Einmal allerdings geschah es, dass der König während dieser dreitägigen Regentschaft starb und der Narr König blieb. Spiel ist der Narr, der König werden könnte.[79]

---

[77] Gerald Hüther, Wie aus Stress Gefühle werden, S. 9
[78] Gisela Spörri- Hessenbruch, Schau- und Spielkunst, S. 311
[79] aus: Brian Sutton-Smith, Spiel und Sport als Potential der Erneuerung, in: Flitner, Das Kinderspiel, S. 72

George (plötzlich): „‚Das Leben ist ein Spiel', das haben Sie doch schon sagen hören?"
Jannings antwortet nicht. Er wartet.
George: „Und in einem Spiel gibt es Sieger und Verlierer, nicht wahr?"
Jannings antwortet nicht.
George: „Und die nichts haben können, das sind die Verlierer, und die alles haben können, das sind die Sieger, nicht wahr?"
Jannings antwortet nicht...
George: „Und kennen Sie den Ausdruck ‚geborener Sieger'?"

Peter Handke, Der Ritt über den Bodensee

Freies Spiel statt Wettbewerb

Sportliche Aktivitäten gehören heute zum Alltag fast jedes Schulkindes und vermehrt auch zu dem von Kindergartenkindern. Bei manchen ist es nur der Schwimmkurs, bei vielen schon der Mannschaftssport. Sicher gibt es viele Trainer, denen das Zusammenspiel, überhaupt die spielerische Nuance am Sport wichtiger ist als das Gewinnen-wollen oder die Förderung von Talenten. Aber ich habe sehr viele Kinder kennen gelernt, die schwere Enttäuschungen zu verkraften, Niederlagen einzustecken und Demütigungen zu ertragen hatten, weil sie nicht den Erwartungen ihrer Mannschaft oder ihres Trainers genügt haben. Die meisten Kinder scheinen heute darauf aus zu sein, besser als die anderen sein zu wollen. Muss aber das Bestreben nach Leistung einhergehen mit dem Übertreffen des anderen? Ist das Wetteifern überhaupt ein Signum von Kindheit? Ist Wettbewerbsdenken überhaupt noch zeitgemäß?

Beobachtet man Kinder in der freien Spielsituation, bemerkt man, dass Kinder eher bestrebt sind, mit anderen zusammen zu spielen als gegeneinander. In altersgemischten Gruppen werden die kleineren Kinder mitgezogen, sie bekommen adäquate Aufgaben zugeteilt, die das Spiel aller unterstützen oder die Regeln werden für sie modifiziert. Größere Kinder wollen durchaus ein Ergebnis, sie wollen auch bestimmte Leistungen, aber in Gruppen, die sich zum Spielen frei zusammenfinden, zum Beispiel auf der Straße und die dadurch naturgemäß altersgemischt sind, wäre der Wettbewerb zu wenig attraktiv. Zu bald hätte man festgestellt, wer immer die Gewinner oder Verlierer sind und das Spiel hätte somit jede Spannung verloren. Wir haben bei dem Kapitel „Regelspiele" gesehen, dass ganz andere Kriterien als das Gewinnen oder Verlieren auch für die Spiele nach Regeln gelten.

Andreas Flitner weist darauf hin, dass der Sport sich aus den Waffenspielen und -übungen der antiken Kämpfer herleitet. Und er stellt die Frage, ob das Training der Mannhaftigkeit und des Siegerwillens heute noch einen Sinn hat. Diese Tugenden seien

„für eine Welt demokratischer Friedlichkeit, eine Welt, die auf Kooperation, auf Gemeinsamkeit der Geschlechter und auf hoch differenziertes Miteinander angewiesen ist, nur noch bedingt funktional." Er setzt dagegen auf „Sachorientierung, Zusammenspiel und Hilfsbereitschaft"[80].

Dass das Spiel als Wettstreit auch in der Schule benutzt wird, ist nur symptomatisch dafür, wozu Schule in vielen Fällen in erster Linie ausgerichtet sein soll: besser zu sein als die anderen. Von Schulen, die auf Wettbewerb und Zensuren verzichten, weiß ich, dass bis in die höheren Klassen hinein die Kinder meist keine Aussage darüber zu machen im Stande sind, wer in der Klasse ein guter oder ein schlechter Schüler ist. Warum ist das so? Weil es sie nicht interessiert. Machen wir uns dieses Beispiel zu eigen!

Leistungen sollten in unserer Gesellschaft vielmehr am Fortschritt des Einzelnen gemessen werden und daran, was der Einzelne zum Gelingen des Ganzen beitragen kann. Sind Kooperationsfähigkeit und Teamgeist nicht wesentlichere Tugenden als Durchsetzungsvermögen und das Abdrängen des Schwächeren?

„Spielen ohne Sieger" war das Stichwort der 80er Jahre. Vor allem Benita Daublebsky[81] hat sich für diese Spielform in der Schule als Teil des Curriculums stark gemacht und hat damit die sozialen Kompetenzen ihrer Schüler enorm erweitert. Die Kinder haben dabei gelernt, sich für die Sichtweisen und Argumente ihrer Mitspieler zu öffnen, einen Konsens zu erzielen, aufeinander Rücksicht zu nehmen, sich gegenseitig zu helfen, sich an dem *gemeinsam* Gelungenen zu freuen. Sie wurden flexibler, toleranter und haben soziale Sensibilität entwickelt.

Sind wir, weil sich der Kampf auf dem Arbeitsmarkt um Arbeitsplätze verschärft hat, wieder gezwungen, die Konkurrenzfähigkeit der Kinder zu stärken oder sind wir nicht vielmehr auf diese Weise dabei, einen Rückschritt in der Entwicklung heute so nötiger Sozialfähigkeiten einzuleiten?

---

[80] Andreas Flitner, Spielen-Lernen, S.184
[81] Benita Daublebsky, Spielen in der Schule, 1973

Aus Furcht, der Tod könnte uns das Kind entreißen, entziehen wir es dem Leben.
Um seinen Tod zu verhindern, lassen wir es nicht richtig leben.

Janusz Korczak

Mut zum Loslassen

Überraschenderweise verbringen heute Eltern – trotz Berufstätigkeit – offenbar wesentlich mehr Zeit mit ihren Kindern als früher. Frank Furedi, ein englischer Soziologe, spricht gar von einem 50%igen Zuwachs an beaufsichtigter Zeit seit 1961.[82] Damit ist sicher nicht die heute viel beschworene „Quality-time" gemeint, sondern dies deutet eher auf eine stärkere Anwesenheit der Erwachsenen bei beaufsichtigten Tätigkeiten hin, wie zum Beispiel während der Teilnahme im Sportverein, inklusive Hin- und Rückfahrt. Nach meiner Kenntnis sind die Stundenpläne der Kinder schon im Kindergartenalter so voll, dass vor allem die Mütter viel Zeit mit den Kindern im Auto verbringen, um ihre Sprösslinge von einer Aktivität zur anderen zu kutschieren. Diese Zeit steht in keinem Verhältnis zu der Zeit, die Eltern mit ihren Kindern im Gespräch, beim Vorlesen und Singen, in gemeinsamer fruchtbarer Tätigkeit verbringen.

Wenn man bedenkt, dass die Kinder in der Freizeit von den Eltern an andere Erwachsene weitergereicht werden, an den Trainer, die Ballettlehrerin, den Kursleiter, die Musikpädagogin, schrumpft allerdings auch die Möglichkeit der Kinder, unbeaufsichtigt alleine oder mit anderen Kindern einer selbst bestimmten Tätigkeit nachzugehen.

Der Spielraum, in dem sich Kinder selbst erproben können, wo sie eigene Wege gehen, Abenteuer erleben und ihre Grenzen austesten können, ist inzwischen verschwindend gering. Anstatt das Zuhause als Mittelpunkt zu nehmen, um von da aus den Radius der Aktivität kontinuierlich zu erweitern, spricht man heute von einer „Verinselung der Kindheit". Das wird umso prekärer dadurch, dass die Kinder ihre nachmittäglichen Aktivitäten eben auch nicht mehr selbst zu Fuß oder per Fahrrad erreichen, sondern sogar zur Verabredung mit dem Schulfreund lieber gefahren werden. Das wiederum hat zur Folge, dass Kinder, deren Eltern ihr Kind auf der Straße spielen lassen wollen, meist kein einziges anderes Kind finden, mit dem es spielen könnte. Solche Eltern kommen außerdem schnell in den Ruf, ihre Kinder zu vernachlässigen. Die Ängste der Erwachsenen sind so groß, dass sich Kinder in der westlichen Gesellschaft zunehmend nur noch in abgeschirmten Räumen, wie zum Beispiel in Einkaufszentren, frei bewegen können. In Sao Paulo ist das heute schon der Fall. Kleinere Kinder aus wohlhabenden Familien erlebt man nur noch in „Shopping Centers", der Rest der Stadt bleibt ihnen weitgehend verschlossen. Wie gravierend schnell die Einschränkung der Bewegungsfreiheit von

---

[82] Frank Furedi, Warum Kinder mutige Eltern brauchen

Kindern vor sich gegangen ist, zeigt eine in England durchgeführte Umfrage: 1971 durften 80% der 7-bis 8jährigen Kinder alleine zur Schule gehen, 1990 waren es nur noch 9 %.[83]

Vor 30 Jahren haben Eltern ihre Kinder vor denselben Gefahren gewarnt wie heute, nur: die Kinder haben sich dann ohne Aufsicht nach draußen begeben, um zu überprüfen, ob all das, wovor sie gewarnt worden waren, wirklich so gefährlich war.

Erwiesenermaßen stimmen die Befürchtungen der Erwachsenen, Kinder seien heute größeren Risiken ausgesetzt als früher, nicht. Auch wenn die Medien uns das suggerieren wollen und offenbar Erfolg damit haben. Beispielsweise hat das Bundesinnenministerium in seinem „Ersten periodischen Sicherheitsbericht 2001" festgestellt, dass in den letzten drei Jahrzehnten weder die Opfergefährdung durch Vergewaltigung, sexuelle Nötigung, noch durch Mord und Totschlag zugenommen hat, das gilt auch für Sexualmorde an Kindern.

Eine verletzungsfreie Kindheit ist sicher nicht möglich oder nur unter Verhinderung jeglicher Entwicklungsmöglichkeit für das Kind. Sind kleine Unfälle, ein paar Schrammen, ein großer Schreck, nicht normale Begleiterscheinungen des Aufwachsens, anstatt Hinweise auf Erziehungsunfähigkeit und Verantwortungslosigkeit? Kann es sein, dass einfach die Tatsache, dass man Kinder alleine spielen lässt, Eltern den Ruf einbringt, ihre Aufsichtspflicht zu verletzen? Immer mehr Eltern scheinen nicht nur vor ihrer eigenen Angst, sondern auch vor der öffentlichen Meinung zu kapitulieren.

Anstatt an die Widerstandsfähigkeit der Kinder zu glauben und das Verletzungsrisiko als Bestandteil der Freiheit zu sehen, die Kinder brauchen, um ihre Umwelt zu erkunden und mit ihr und mit sich selbst notwendige Erfahrungen machen zu können, versuchen wir unsere Kinder vor allem zu bewahren und bewahren sie in erster Linie vor dem Leben selbst.

Wer Kinder überbehütet, raubt ihnen Lebensfreude, Selbstbewusstsein und die Chance, Krisen meistern zu lernen.

Kinder gehen vom Anfang ihres Lebens an mit Offenheit und Interesse auf die Welt zu. Ihre Grundhaltung dem Leben und anderen Menschen gegenüber ist die des Vertrauens. Sie glauben, dass es die Welt gut mit ihnen meint. Mutig und beharrlich eignen sie sich neue Fähigkeiten an. Kinder lernen Vorsicht, aber Angst vor realen Dingen und mangelndes Zutrauen entstehen vor allem aus der Projektion der Erwachsenenängste.

Klettert ein Kind auf einen Baum, ist uns als Erwachsenen das Risiko, dass es hinunterfällt und sich unter Umständen verletzt, wohl bewusst. Aber gleichzeitig wissen wir

---
[83] Lansdown in Mayall, 1994

auch, dass das Kind einen neuen Grad an Gewandtheit erreicht haben wird und ein neues Gefühl von Meisterschaft und Selbstsicherheit, wenn es unbeschadet wieder herunterkommt. Ein Kind, das sich von klein auf immer wieder selbst erproben konnte, kann viel besser Risiken einschätzen, weil es seine eigenen Grenzen besser kennt, als ein Kind, dem nichts zugetraut und zugemutet wurde.

Kinder müssen sich immer erproben. Ob sie dabei auf besonders hohe Bäume klettern, schwimmend Flüsse überqueren oder auf andere Weise sich selbst und ihre Grenzen erfahren, besser als Horrorvideos anzuschauen, um „als ganzer Mann" zu gelten, wie es heute vielfach üblich geworden ist, ist es allemal.

„Helicopter-parenting", ein Phänomen, das Eltern beschreibt, die wie Hubschrauber über ihren Kindern kreisen, heute schon vielfach gegeben durch die Handyüberwachung (jeder dritte Achtjährige besitzt ein eigenes Telefon), die den Eltern jederzeit Kontakt zu ihren Kindern ermöglicht, möchten manche Eltern noch übertreffen durch unter die Haut ihrer Sprösslinge implantierte Mikrochips. Was es bereits gibt, ist eine Rundumüberwachung durch GPS über das Handy oder eine Einstellung, die eine SMS an die Eltern sendet, wenn das Kind sich in einem Radius von 500 Metern von zu Hause entfernt.

Die Angst vor „Stranger-danger", dem „bösen Mann", die Angst, die Eltern dazu bewegt, den Kindern immer wieder Misstrauen vor anderen Menschen einzuflößen, wird von allen Seiten nachhaltig geschürt. Frank Furedi berichtet von einer englischen Broschüre mit dem Titel „ Protecting your child. A guide for parents", mit einem Vorwort von Tony Blair, in der erklärt wird, dass theoretisch jeder unserer Mitmenschen pädophil sein könne. „Sie leben in unseren Gemeinschaften, in unseren Familien, und vielleicht ist es sogar jemand, den wir kennen und lieben."[84] Wie sollen Kinder in einer solchen Atmosphäre des Misstrauens eine positive Einstellung zum anderen Menschen entwickeln? Wie sollen sie das Vertrauen haben, sich an einen Erwachsenen zu wenden, wenn sie wirklich einmal Hilfe brauchen?

Es geht hier nicht darum, Eltern zu verteufeln, die Angst um ihre Kinder haben, es stellt sich eher die Frage, wie es dazu kommt, dass es heute so vielen Menschen an der Zuversicht mangelt, dass das Leben es grundsätzlich gut mit uns meint? Warum fehlt ihnen die Gelassenheit, ihre Kinder einfach einmal gewähren zu lassen?

Heute ruht die Erziehung der Kinder gewöhnlich auf zwei Schultern, oft sogar nur auf einer. Wen wundert es, dass diese Last schwer drückt. Passiert wirklich einmal etwas Gravierendes, können die Eltern sicher sein, dass ihnen die ganze Schuld gegeben wird. Früher war die Eingebundenheit in ein größeres familiäres Umfeld gegeben, außerdem haben sich im Zweifelsfall die Nachbarn oder auch gänzlich Fremde eingemischt.

---

[84] F. Furedi, Warum Kinder mutige Eltern brauchen, S.52

Sicher brachte das mehr Kontrolle mit sich, aber auch das Verantwortungsgefühl der Menschen fremden Kindern gegenüber war größer.

Überall wittern wir heute Gefahren, dabei war das Leben – zumindest in Europa – noch nie so sicher wie heute. Die Angst, das Kind könne sich nicht altersgemäß entwickeln, die Angst vor dem plötzlichen Kindstod, die Angst, das Kind würde unter unerkannten schweren Krankheiten leiden, die Angst vor der Sonne oder davor, Murmeln zu verschlucken geht über in die Angst vor schlechtem Umgang, Entführung und sexuellem Missbrauch.

Wie sollen Eltern ihren Kindern Vertrauen in das Leben vermitteln, wenn sie selbst hinter jedem Busch einen Sexualverbrecher vermuten?

Was ist zu tun? „Mut zur Erziehung", sagt H. v. Hentig, „muss eigentlich heißen: Mut zur Veränderung unseres eigenen Lebens". Wir müssen unterscheiden lernen zwischen der Erziehungsverantwortung bei realen Gefahren und den Ängsten, die nur mit uns selbst zu tun haben. Wir können versuchen, uns ein realistischeres Bild von der Welt und deren Gefahren zu machen, als es uns die Medien vermitteln. Und wir können uns im Kleinen üben. Zum Beispiel darin, unsere Kinder erst einmal bei ihrem Tun zu beobachten, bevor wir wirklich einschreiten. Ihnen zeigen, wie man ein Messer hält ohne sich zu schneiden. Ihnen hilfreich zur Seite stehen, wenn sie etwas wagen wollen. Damit wir sie dann alleine machen lassen können. Wir müssen ihnen Hilfe, dort, wo sie sie brauchen, gewähren und Zutrauen dort, wo sie sich selbst erproben wollen.

Es geht darum mit Risiken umgehen zu lernen, nicht sie zu vermeiden. Das gilt für Eltern wie für Kinder.

Wenn man immer wieder vermittelt bekommt, wie gefährlich das Leben ist und wie wenig man dem Mitmenschen trauen kann, kann das verheerende Auswirkungen haben. Deutlich wird das zum Beispiel an dem Thema „Jugendgewalt in Großbritannien". Es wird von Erwachsenen berichtet, die Angst haben vor Jugendlichen, von Kindern, die sich voreinander fürchten und sich nicht mehr allein, oder dann nur bewaffnet aus dem Haus trauen, Erpressungen, Messerstechereien und Todesfälle werden in der Presse hochgespielt. Die offiziellen Zahlen hingegen sagen etwas anderes aus: In den letzten zehn Jahren haben sich Körperverletzungen, verursacht durch Messer, halbiert. Der „Guardian" hat Jugendliche befragt, weshalb sie sich bewaffnen. Die Antwort war eindeutig: Sie haben Angst! „Eine Waffe zu haben gibt mir Macht und Schutz." „Da draußen ist eine große, böse Welt. Ich sehe nicht ein, was falsch daran sein sollte, eine Waffe zu haben."[85] Schnell wird aus Angst Aggressivität und diese erzeugt wiederum Angst. So dreht sich die Spirale und plötzlich haben die Menschen Recht, die die Straße prinzipiell für einen gefährlichen Ort halten.

---

[85] Quelle: Süddeutsche Zeitung vom 30.5.08

Zutrauen zum Leben gewinnen Kinder auch dadurch, dass man den negativen Eindrücken und Botschaften, denen das Kind dauernd ausgesetzt ist, etwas entgegenhält: Beziehung, Freude, gemeinsames sinnvolles Tun, Schönheit, Ganzheit, Moralität.

Die ganze Erziehung läuft schließlich darauf hinaus, die Kinder in ein selbständiges Leben zu entlassen.

Das geht in kleinen Schritten vor sich. Und wir müssen ertragen lernen, zuzusehen, wie sich das Kind immer weiter von uns fortentwickelt. Wir sollen und können diese Entwicklung nicht aufhalten. Die Liebe der Eltern läuft in die Irre, wenn sie das Groß- und Selbständig-werden des Kindes nicht zu ertragen vermag, wenn sie nicht wahrhaben will, dass die Verselbständigung und Loslösung von früh an bestimmend ist für diese besondere Beziehung. Oder wie es der syrische Dichter Kahlil Gibran formuliert hat:

„Deine Kinder sind nicht deine Kinder, sie sind Söhne und Töchter der Sehnsucht des Lebens nach sich selbst. Sie kommen durch dich, aber nicht von dir und obwohl sie bei dir sind, gehören sie dir nicht."

Individuelles Angewiesensein auf Konsum als Kompensation, als Ersatz für Lebensqualität, kann nur in einem Umfeld verhindert werden, in welchem Muße und Raum für das Lebendige, das Wirkliche vorhanden ist.

Bieber-Delfosse[86]

---

[86] Gabrielle Bieber-Delfosse, Kinder in der Werbung, S. 189

Dein Kind sei so frei es immer kann.
Lass es gehen und hören, finden und fallen,
aufstehen und irren.

J. H. Pestalozzi

Wie Eltern für eine entwicklungsfördernde Umgebung sorgen können

Lebendige Prozesse, Lebenswirklichkeit erleben meint nicht nur mehr Naturerleben schaffen, verlangt nicht von Eltern den Rückzug auf das Land, sondern ist genauso eine Forderung, die für Stadtkinder Gültigkeit hat.

Tübingen hat die Bedürfnisse der Kinder erkannt und versucht sie in ein lebendiges Stadtleben einzubeziehen, indem sie ihnen zum Beispiel Zugang zu Arbeitsstätten ermöglicht. Dadurch sollen sie Anschluss an die Welt der Arbeit bekommen, sie sollen Menschen in ihrer Tätigkeit erleben können, ihre Neugier befriedigen und ihre Lust am eigenen Tätigsein. In der Tübinger Erklärung[87] heißt es, die Kinder sollen „Formen des Zusammenlebens unter Menschen, die sich nicht gegenseitig verpflichtet sind, erfahren und auch selbst erproben: z.B. Verantwortung, Einfühlungsvermögen, Zuwendung, das Leben mit Konflikten."

Hartmut v. Hentig fordert schon seit annähernd 30 Jahren, das Lernen nicht vom Leben zu trennen, sondern menschenwürdige Lebenseinheiten herzustellen, in denen zugleich gelebt wird und gelernt werden kann. „Nicht so sehr Bildung und Bildungschancen, nicht Aktivitäten und Motivationen, nicht Emanzipierung und Wissenschaftlichkeit, sondern die Gelegenheit zu notwendigem, gemeinsamem, begründetem Handeln…"

Was Kinder brauchen, ist einerseits das schrittweise Integriertwerden in die Öffentlichkeit, in das Leben der Erwachsenen und andererseits die Möglichkeit im unbeobachteten Raum Geheimnisse haben zu können, alleine, aber auch mit Gleichaltrigen.

Kindern fehlt ein eigener Kindheitsraum, zu dem der Erwachsene keinen Zutritt hat. Wie wir gesehen haben, hat das die Industrie erkannt und macht sich dieses Bedürfnis zu Nutze, indem sie künstliche Welten zu einem teuren Preis nach dem Muster von Pokémon anbietet, die von Erwachsenen kaum durchschaut werden (siehe das entsprechende Kapitel).

---

[87] Tübinger Erklärung „Kinder brauchen Stadt", in: der Städtetag 9/1995

Zugang zur Welt der Erwachsenen erschließt sich im sinnvollen, gemeinsamen Tun

Kinder brauchen einen eigenen Zeit-Raum. Sie haben einen eigenen Umgang mit der Zeit. Sie verweilen immer im Hier und Jetzt. Hetze und Zeitdruck sind völlig unkindgemäß (wenn sie denn überhaupt menschengemäß sind!). Nach Nietzsche leben Kinder „aktuell unendlich". Wenn wir uns das vor Augen führen, verstehen wir besser, warum wir gerade in Situationen, in denen der Zeitraum des Kindes mit den Zeitnotwendigkeiten des Erwachsenen aufeinander prallt, pädagogisch so hilflos sind. Wie oft hören Kinder das „beeil dich", „wir haben keine Zeit", „mach schon", „wir kommen zu spät". Dem Bostoner Psychologen David Elkins zufolge leiden 60 % der von ihm befragten Kindern manchmal, 20 % häufig unter Stress. Unter einem Druck also, der nur aufgrund unkindgemäßer Forderungen von Seiten der Erwachsenen entsteht.[88] Wie oft erleben sie hingegen, dass ihr Spiel so ernst genommen wird, dass Erzieher und Eltern aus Respekt vor der wesentlichen Tätigkeit des Kindes ihr Spiel nicht durch Nichtigkeiten unterbrechen?

Das Sammeln von Fakten hat noch keinem Wissenschaftler Anerkennung eingebracht. Was wir brauchen, sind Visionäre. Und wie entsteht eine Vision? Indem spielerisch Neues, noch nie da gewesenes, fantasiert, gedacht und ausprobiert wird. Es ist nichts anderes als Spiel.

---

[88] Quelle: Süddeutsche Zeitung, Kinderleben 2/2008

Eltern fördern ihre Kinder auf vielfältige Art, sie wecken beispielsweise ihr Interesse an Büchern, an Sport, an der Natur, aber viele Eltern haben wenig Lust, mit ihren Kindern zu spielen oder Interesse dafür zu zeigen. Oft erleben Kinder hingegen, dass ihr Spiel nicht als solches erkannt, sondern als Unordnung, Krach oder in anderer Form als den Alltag des Erwachsenen störend empfunden wird. Die häusliche Ordnung wird allzu oft als höherrangig eingestuft als das für das Kind so wesentliche Spiel.

Den meisten Erwachsenen fällt es leichter, sich auf Spiele einzulassen, die nach einem vorgegebenen Muster ablaufen, deren Wesen eine klare Regelhaftigkeit ist. Im Englischen unterscheidet man zwei Arten von Spielen durch verschieden Ausdrücke, nämlich „play" und „game". Play bezeichnet das freie Spiel, bei der der Fantasie freier Lauf gelassen werden kann, bei dem die Regeln ständig veränderbar bleiben, „games" dagegen sind Wettkampfspiele aller Art und Gesellschaftsspiele, über deren Regelhaftigkeit Einigkeit besteht und Übereinkunft, dass diese wie vorgegeben eingehalten werden müssen. Dabei ist es immer das Ziel, zu gewinnen. Wie wir aus der Entwicklungspsychologie wissen, ist dieser Aspekt jedenfalls in den ersten Jahren bedeutungslos für Kinder.

Ich will damit nicht sagen, dass sich die Eltern mit den Kindern in Höhlen verkriechen sollen oder in den Sandkasten setzen müssen, wenn ihnen das läppisch vorkommt, aber die Aufmerksamkeit darauf zu richten, was das Kind spielt, Anteilnahme zu zeigen, z.B. dadurch, dass man ihnen den Sandkuchen abkauft, oder eine Idee beisteuert, wie die Höhle noch gemütlicher einzurichten wäre, dies reicht oft aus, damit sich das Kind verstanden fühlt.

Ebenso wesentlich kann es sein, insoweit das Spiel im Auge zu haben, als man merkt, wann es ins Stocken gerät, beziehungsweise wann ein konstruktives Spiel in Gefahr ist, umzukippen in Toberei oder Streiterei und an dieser Stelle mit einem Vorschlag aufzuwarten, der dem Spiel wieder neuen Auftrieb gibt.

Das gilt nicht in allen Fällen, Kinder müssen diese Dinge auch miteinander lösen lernen, aber bevor in der Dreizimmerwohnung ein Spiel abgebrochen werden muss, weil die Nachbarschaft zu sehr Anteil nimmt, ist ein hilfreicher Vorschlag einem Verbot oder einer Kritik vorzuziehen. Vor allem bei Kindern, die Schwierigkeiten haben, ins freie Spiel zu kommen, weil sie gewohnt sind, konsumierenden Freizeitbeschäftigungen nachzugehen, ist ein aufmerksamer, fantasievoller Erwachsener hilfreich – solange er weiß, wann er sich wieder zurückziehen muss.

Allgemein gilt jedoch: Wir dürfen an das kindliche Spiel keine Erwachsenenmaßstäbe ansetzen, welches Spiel „schön" sei. Grundsätzlich kann davon ausgegangen werden, dass das Kind immer einen Grund hat, so zu spielen, wie es spielt. Versuchen wir stattdessen zu verstehen, warum es das, was es tut, tun muss! Wir neigen viel zu sehr dazu, die Kinder „alltagskompatibel" haben zu wollen. Sie sollen nicht auffallen, nicht laut sein, vor allem aber würden wir gerne alle destruktiven Impulse im Keim ersticken.

Kinder machen sich diese Haltung schnell zu eigen, nur sind damit der Zorn, der Neid, die Eifersucht, die das Kind empfindet, nicht aus der Welt geschafft. Das Kind und der spätere Erwachsene tragen diese negativen Gefühle weiter mit sich, nur ist ihm die Ursache nicht mehr bewusst. Er hat sie erfolgreich verdrängt, aber sie äußern sich dann oft auf völlig unverständliche Weise, zum Beispiel in Autoaggression oder noch verschlüsselteren Botschaften seiner Seele und seines Körpers.

Ein Kind muss sich erst ein Wissen über seine Gefühlswelt aneignen, bevor es diese handhaben kann. Dazu dient vor allem das Spiel, weil es erlaubt, ohne sich selbst oder anderen Schaden zuzufügen, seine Impulse ausleben zu können, symbolisch Erfahrungen zu meistern und neue Handlungsmöglichkeiten auszuprobieren. Am hilfreichsten dafür ist der verständnisvolle Erwachsene.

Welches Spielzeug braucht das Kind für eine gesunde Entwicklung?

Als ich meine eigenen Kinder und andere in deren Umkreis gefragt habe, was Kinder denn am nötigsten zum Spielen bräuchten, habe ich Antworten bekommen, wie: Geschwister! Wald! Freunde! Nun, das war sicher etwas pointiert formuliert (schließlich wissen sie ja auch, zu welchem Thema ich gerade schreibe), aber als ich im Umfeld meiner Therapiekinder weitergefragt habe, war ich doch verblüfft, dass selbst Kinder, die Spielsachen im Übermaß besitzen, dem Spiel mit anderen Kindern einen wesentlich höheren Stellenwert geben als dem attraktivsten Spielzeug. Bestätigt wurde meine Beobachtung durch eine Umfrage des Deutschen Jugendinstitutes, die ergeben hat, dass es der größte Wunsch jedes 3. Kindes ist, mehr Kinder zum Spielen zu haben. Ich denke, das spricht für sich!

Was ist dennoch zum Spielen brauchbar?

Ganz allgemein gilt jedenfalls der Grundsatz und das ganz besonders für die ersten sieben Jahre: WENIGER IST MEHR.

Die einfachsten Materialien, Erde, Wasser, Lehm, Holz, regen das Gehirn am stärksten an. Gerade dadurch, dass solches Spielmaterial nicht festgelegt ist, keine eindeutige Bedeutung hat, sondern der Fantasie Raum lässt, hat das Kind die größte Freiheit, mit Hilfe seiner Fantasie alles zu schaffen, was es will, die Dinge für den verschiedensten Bedarf einzusetzen.

Kinder wollen die Welt erkunden. Das heißt, sie untersuchen das, was sie unmittelbar umgibt und je mehr Freiheit das Material gewährt, desto größer sind die Möglichkeiten, damit umzugehen und etwas daran herauszufinden. In Kindergärten ist immer mal wieder der Versuch gemacht worden, ganz ohne herkömmliches Spielzeug auszukommen. Nach einer kurzen Phase der Irritation erlebten die Erzieherinnen, dass die Kinder mit Naturmaterialien und einigen Tüchern, mit Sand und Wasser intensiver spielen konnten, zufriedener waren, sich weniger gestritten haben. Die Waldkindergärten, die sich zunehmender Beliebtheit erfreuen, bestätigen dies.

Nun weiß ich aus eigener Erfahrung als Mutter, wie schwer es ist, Spielzeug zu reduzieren, zumal die Eltern nun mal nicht allein sind bei der Erziehung ihrer Kinder, meist gibt es noch eine Menge Verwandter, Freunde, Nachbarn, die dem Kind gerne eine Freude machen wollen in Form von Mitbringseln, Geburtstagsgeschenken, Weihnachtsgeschenken, Ostergeschenken, zum Nikolaus oder einfach „nur so", und das oft nicht gerade im Sinne der Eltern. Da hilft es nur, standhaft zu sein und unmissverständlich zu signalisieren, was man gerne für sein Kind hätte und was nicht. Hilfreich ist es auch, immer wieder mal radikal auszusortieren, Dinge eine Weile in den Keller zu verbannen, um sie später wieder auszutauschen.

Die Attraktivität eines Spielzeugs erhöht sich auch dadurch, dass es nicht das ganze Jahr über zur Verfügung steht. Bei uns gab es beispielsweise einen sehr geliebten Puppenherd, der gehörte zu Weihnachten wie der Tannenbaum. In dieser Zeit wurde intensiv damit gekocht. Dann verschwand er wieder und die Freude war jedes Mal groß, ihn im nächsten Winter wieder zum Spielen zur Verfügung zu haben.

Wenig pädagogisch wäre es, wenn das Kind den Eindruck bekäme, dass man Dinge, die man nicht braucht, einfach so wegwerfen soll. Vielleicht findet man andere Möglichkeiten, überzähliges Spielzeug weiter zu verschenken, dahin, wo es Sinn macht. Besser ist aber vorbeugen, denn Minderwertiges „armen Kindern" zu schenken, ist der moralischen Erziehung der Kinder nicht gerade dienlich.

Liste der wirklich notwendigen Spielsachen in den ersten sieben Jahren

Wie aus den vorangegangenen Überlegungen deutlich geworden sein dürfte, ist es zuallererst:

die Puppe (und das gilt für Mädchen **und** für Jungen).

Sie kann in den ersten Jahren sehr einfach sein, denn je ausgestalteter sie ist, desto mehr Grenzen setzt sie der Fantasie. Eine Puppe, die wenig Gesichtszüge hat, kann alles: lachen, weinen, böse sein, wachen oder schlafen. Wenn sie weich ist, nimmt man sie lieber in den Arm, wenn man sie wickeln kann, umso besser, besonders wenn es ein neues Geschwisterkind gibt. Die Puppe braucht natürlich **Utensilien**: ein Tuch, in das man sie einwickeln kann, ein paar Lappen zum Windeln, ein Bettchen (hier genügt durchaus ein Kistchen mit einem Kissen ausgelegt, für den Rest sorgt dann schon die Puppenmutter oder der Puppenvater).

Die Puppeneltern brauchen Kochgeschirr. Das kann von einem alten Küchengefäß reichen bis zu Puppengeschirr. (Es gibt sogar solches, mit dem man „in echt" kochen kann.)

Das sollte die Puppe sein, die als Alter Ego des Kindes fungieren soll, die, an die man sich erinnern wird, die einen dauerhaften Namen erhält, die im besten Fall eine lange Weile einzig und unersetzbar sein wird.

Puppen,
die dafür geeignet sind, verschiedene Alter und Typen zu verkörpern, denn da, wo keine Spielkameraden oder Geschwister vorhanden sind, sind sie unabdingbar für Rollenspiele. Sie können trotzdem sehr einfach sein, wichtig ist, dass man sie mit wenigen Attributen verwandeln kann. Stehpuppen eignet sich im ersten Alter am besten, später sind Handpuppen sehr geeignet und beliebt.

Bauklötze
Und zwar am besten nicht die glatten lackierten oder Legobausteine, sondern selbst gesägte aus unterschiedlichen Hölzern, die nicht alle genau aufeinander passen sollen, dabei übt sich das Kind als Baumeister und lernt schon eine Menge über Statik. Außerdem wird sein Sinneserleben bereichert, weil sich unterschiedliches Holz auch unterschiedlich anfühlt und duftet. Wenn das Kindergartenkind beim Sägen zusehen darf und die Klötze noch selber raspeln kann, ist der Lerneffekt perfekt.

Sie dienen beispielsweise auch als Bügeleisen, Auto oder Kreissäge, der Fantasie des kleinen Kindes sind da keine Grenzen gesetzt.

Tücher jeder Art und Größe

Sie werden für alles gebraucht: zum Versorgen der Puppe, zum Verkleiden, zum Höhlenbauen, zum „Bügeln", zum Geschenke einwickeln und Schätze sammeln. Wenn es darunter auch noch welche gibt, die besonders weich oder glitzernd sind, werden sie zu besonders geliebten Besitztümern.

Zum Höhlen bauen in der Wohnung braucht das Kind unbedingt **Wäscheklammern**, sonst ist die Gefahr zu groß, dass Blumenvasen zur Stabilisierung herhalten müssen oder die Eltern in ihre Vorhänge Knoten machen müssen.

Kastanien, Eicheln und Zapfen

und alles Mögliche, das sich zum „Kochen" oder als Waren für den Kaufladen eignet, zum Beladen der Eisenbahn, als Geld und zum Füttern der Tiere.

Ein paar einfache Holztiere oder, wenn die zu teuer sind, können je nach Bedarf ganz schnell welche aus einer Knetmasse hergestellt werden. Kinder beteiligen sich gerne an dem Herstellungsprozess. Sie werden überrascht sein, wie genau ihr Kind hingeschaut hat und selbst wenn das „Tier" für Sie nur eine unförmige Masse zu sein scheint, es kommt ja darauf an, dass ihr Kind damit zufrieden ist. Stofftiere am liebsten, wenn sie auch wie Tiere aussehen.

Pappkartons in allen Größen

zur Aufbewahrung für Geheimnisse, zum Bauen von Häusern, Autos oder Weltraumraketen, dazu gehören natürlich eine Schere, Kleber und was das Kind sonst noch dazu braucht.

Papier

in allen Varianten zum Malen, Ausschneiden, Basteln.

Farben,

am besten handliche Wachsblöckchen. Malzeug sollte dem Kind jeden Tag zur Verfügung stehen, Malen ist eines der wichtigsten Ausdrucksmittel des Kindes. Wasserfarben können für besondere Gelegenheiten da sein, dazu gehört richtig gutes, weiches Aquarellpapier.

Wasser, Sand und Erde

Selbst, wenn Sie keinen eigenen Garten haben, können Sie auf dem Balkon eine kleine Sandkiste hinstellen und das Kind mit Wasser versorgen. Geht auch das nicht, benutzen Sie jede Gelegenheit, mit dem Kind hinaus zu gehen, auch und gerade dann, wenn es Pfützen gibt.
Dazu gehören dann unterschiedliche Gefäße: Eimer, Gießkanne, Förmchen. Ein kleiner ausgedienter Topf und ein Küchensieb, das nicht mehr gebraucht wird, erfüllen aber auch ihren Zweck.

Holzabfälle jeder Art zum Hämmern, Bauen, Raspeln usw.

Ein Ball
Er ist ein unverzichtbarer Gegenstand für das allererste Zusammenspiel, um Haben und Weggeben zu üben, um Entfernungen zu empfinden, für die Koordination von Händen und Augen und vieles mehr.

Etwas, womit es Körperkoordination und Gleichgewicht schulen kann
Dazu gehört unbedingt eine **Schaukel**. Das können aber auch einfache Stelzen sein, ein Balancierbrett, ein Roller oder ähnliches. Es gibt auch 7jährige, die bereits Einrad fahren können. Aber wichtig dabei ist, dass das Kind dann zu diesen Dingen greift, wenn es selbst es will. Wenn es noch nicht Fahrrad fahren will, muss es das nicht, aber ein Fahrrad mit Stützrädern ist ein schlechter Kompromiss, es dient dann nur zur Fortbewegung, der Lernerfolg ist gering.

Auf jeden Fall sollte es **Dinge** geben, **die der Erwachsenen gerne benutzt**, damit sich Gelegenheiten finden, bei denen der Erwachsene sich *mit Freude* mit dem Kind beschäftigen kann. Das herauszufinden, ist somit eine individuelle Sache.

Eine **Verkleidekiste**
Sie ist wichtig für all die Rollenspiele und sollte nicht nur zu Fasching zugänglich sein. Suchen Sie ein paar abgetragene Kleider von Vater, Mutter, Großmutter oder Onkel zusammen, wichtig sind verschiedene Kopfbedeckungen: Hüte, Kappen, dazu braucht es Tücher, vielleicht einen Bauarbeiterhelm, eine Königskrone, einen Feenschleier.

Bücher
Bücher sollten Kinder immer begleiten, sie werden damit zur Selbstverständlichkeit. Leider gibt es heute immer noch (oder wieder vermehrt) Kinder, die nicht wissen, wie man ein Buch überhaupt aufschlägt. Wie sollen die je in der Schule zurechtkommen? Und was entgeht ihnen alles an fremden Welten, Denkweisen und Abenteuern!

...und danach?

Kindheit endet nicht mit dem Schulanfang. Bei den bisherigen Betrachtungen bin ich immer von Kindern bis etwa 12 Jahren ausgegangen. Es ist mir bewusst, dass es viele Kinder gibt, die, obgleich Kindheit im herkömmlichen Sinne eigentlich erst mit 14 Jahren endet, nach 12 Jahren bereits in andere Aktivitäten eingebunden sind als in das Spiel, sie machen auch die Mehrheit der Kinder aus, aber es gibt dennoch immer noch Kinder, die gerne und selbstverständlich bis 14 Jahren spielen, wenn sie in einem Umfeld aufwachsen, in dem das Spiel nicht nur toleriert, sondern auch in diesem Alter als selbstverständlich und angemessen angesehen wird. Sicher spielen sie nicht mehr in dem gleichen Maße wie früher, aber wenn weder Fußball noch Computer zur Verfügung stehen, tun sie das. Man kann das gut bei Ferienlagern im Wald, bei den Pfadfindern oder ähnlichen Gelegenheiten beobachten.

Kinder mit gutem Selbstwertgefühl widmen sich jedenfalls meist noch selbstverständlich zumindest bis 12 Jahren dem freien Spiel. Im Jugendalter ist es dann eher die sportliche Aktivität, die sie reizt, vor allem der Mannschaftssport.

Während das Kind bis zum Schulalter noch wenig oder kein Bedürfnis hat, sich mit anderen zu messen (diese Haltung wird nur immer von den Erwachsenen provoziert), sucht das Kind jetzt zunehmend Gelegenheit, die eigenen Grenzen des Mutes, der Stärke, der Schnelligkeit und der Macht herauszufinden.

Was das Kind deshalb jetzt vor allen Dingen braucht, sind nicht Spielsachen, sondern Spielkameraden. Sie bilden „Banden" und „Blutsbrüderschaften", später werden daraus Cliquen. Freundschaften werden immer wichtiger. Das soziale Leben unter Gleichaltrigen beginnt in Konkurrenz zu treten mit den Gesetzmäßigkeiten des Familienlebens.

Während sich in den ersten sieben Jahren die Kinder in der Regel damit begnügen, was die Eltern ihnen an Spielgelegenheiten und Spielmaterial zur Verfügung stellen, wollen sie jetzt vermehrt haben, was die anderen auch haben, was also „in" ist. Da ist die Standfestigkeit der Erzieher gefragt, zu dem zu stehen, was sie für das Kind sinnvoll finden und nicht jedem Wunsch nach Modetrends nachzugeben. Und ich möchte es hier noch einmal betonen:

Ein Kind mit einem ausgeprägten Selbstwertgefühl, das fantasievoll und kreativ spielen kann, wird keine Spielkameraden verlieren, weil es nicht das neueste Computerspiel besitzt, sondern im Gegenteil für andere Kinder durch seine Spieleinfälle ein attraktiver Spielpartner bleibt, weil die Kinder durchaus nicht das Empfinden dessen, was für sie gut ist, verlieren, sofern sie genügend Gelegenheit hatten und haben, kindgemäß zu spielen. Das gilt vor allem für die Zeit, in der sie draußen sind. Wenn allerdings Kinder in einer 3-Zimmerwohnung ihre Zeit verbringen müssen, ohne die Möglichkeit, in Höfen, auf der Straße oder in Parks ihr eigenes Terrain entdecken, benutzen und verteidigen zu können, ist ihr Erfindergeist gefragt. Und der ihrer Eltern.

Ab 9 Jahren ist auch die Zeit gekommen, wo die Kinder gerne Kurse besuchen wollen, weil sie Fachleute wollen, die häuslichen Basteleien sind oft nicht mehr zufrieden stellend, sie haben jetzt Ansprüche an ihre Werke, wollen bei einem echten Töpfer lernen, wie ein Gefäß entsteht, richtige Maltechniken kennen lernen, Theater spielen mit öffentlicher Aufführung. Da kann man nur hoffen, dass sie auf Kursleiter stoßen, die pädagogisch gebildet sind, die die Kinder bei der Planung ihrer Kurse nicht in zu enge Korsetts stecken wollen, die nicht zu sicher sind, was die Kinder, die sie noch gar nicht kennen, bis zum Kursende gelernt haben sollen, sondern die versuchen wahrzunehmen, was das einzelne Kind will und sich nur auf Hilfestellungen bei der Durchführung größerer Projekte beschränken.

Die meisten Spielsachen, die oben angeführt wurden, werden auch noch bis zum Ende der Kindheit gebraucht, auch wenn das Kind sie zunehmend modifizieren wird.

Außerdem haben auch große Kinder manchmal das Bedürfnis, zurückzukehren in Spielregionen vergangener Zeiten. Sie können das immer erleben, wenn kleinere Kinder anwesend sind. Die Großen tauchen dann oft ganz in das Spiel ein und spielen mit den Kleinen mit Feuereifer. Sie können dabei nicht das Gesicht verlieren – sie tun es ja für die Kleinen! – und man merkt ihnen an, wie entspannend und wie wohltuend es für sie ist.

Wenn die Erwachsenen sich nicht darüber lustig machen, spielen Kinder auch sonst noch sehr lang mit einfachen, anregenden Dingen wie Wasser, Sand und Holz.

Was sie jetzt trotzdem dringend brauchen, ist ein **Taschenmesser**, am besten mit Säge, zum Stöcke schnitzen, zum Waldhütten bauen und weil es das Gefühl vermittelt, gegen jede Art von Räuber geschützt zu sein (keine Angst, ein gesundes Kind geht damit nicht auf Menschen los!), vielleicht ein **Vergrößerungsglas**, denn jetzt wollen die Kinder zunehmend Dinge genau wissen, genau untersuchen. Sie brauchen einen **Werkzeugkasten** mit dem Nötigsten, um Dinge bauen und reparieren zu können, ebenso Holz, Nägel, Leim etc.

Sie brauchen **die Erlaubnis** und **Platz**, um die wichtigsten Sperrmüllschätze, die sie gefunden haben, eine Weile aufzuheben, umzubauen, zu erforschen, für „was Tolles" zu verwenden. Sie brauchen Fortbewegungsmittel, als da sind vor allem anderen ein **Fahrrad**, schon deshalb, damit nicht immer die Mutter der Chauffeur sein muss, schön wäre ein **Einrad**, weil es dem Gleichgewichtssinn so gut tut, oder eben ein Skate-Board. Sie brauchen weiterhin ein **Seil** zum Seilspringen, eine **Schachtel**, um Dinge zu sammeln, zu sortieren, zu katalogisieren, und vor allem **Bücher, Bücher, Bücher,** bitte mehr als genug, denn jetzt spätestens ist die Zeit, die eigene Leselust (am besten durch Vorlesen) zu wecken, ihre Fantasie anzuregen und ihren Kindern Einblick in all die Abenteuerwelten zu eröffnen, die in ihnen Reiselust und Forscherdrang wecken, Einblicke in die

Lebenswelten anderer Menschen gewähren und Utopien möglich machen.

Bei Kindern mit ausgeprägten technischen oder naturwissenschaftlichen Interessen können auch ein **Metallbaukasten** oder andere **Experimentierkästen** sinnvoll sein, zu den wirklich notwendigen Dingen würde ich sie generell nicht zählen.

Allgemein gilt, dass jetzt stärker die individuellen Interessen des Kindes zum Tragen kommen, das eine Kind wird vielleicht eine Sammlung von Halbedelsteinen anfangen, ein anderes beglücken Sie mit 5 kg Ton und wieder ein anderes freut sich über einen „richtig guten" Aquarellmalkasten.

Sie sehen, so wenig ist das gar nicht, was jetzt zusammengekommen ist und doch ist es ein Bruchteil dessen, was man gewöhnlich in Kinderzimmern vorfindet.

Vor allem, wenn Eltern und Erzieher das Gefühl haben, die Kinder könnten gar nicht richtig und ausdauernd spielen oder wenn sie ständig über Langeweile klagen, wird es Zeit, statt dem Kind noch ein neues Spielzeug anzubieten, das Kinderzimmer oder den Kindergarten von überflüssigen Dingen zu befreien.

Das AWC

*A, sagt der Affe, wenn er
Abendzeitung liest.*

*W, sagt der Wolf und will die
Welt nicht mehr verstehen.*

C, das Chamäleon weiß immer, was es will

Und wir singen unser Lied

Marcel, 8 Jahre

*Blau
Der Himmel
Er ist kalt
Dort oben sind Vögel
   Geschmeidige*

Yasemin, 8 Jahre

Brief an die Großeltern

Liebe Großeltern, die Sie hier stellvertretend angesprochen werden für alle, die unmittelbar mit Kindern zu tun haben, die ihnen wohlgesonnen sind und bereit und willens, ihnen Gutes zu tun, ich höre Sie förmlich seufzen angesichts der Tatsache, dass ich Sie nun komplett verunsichert habe, wie Sie denn um Himmels willen *dann* den Kindern etwas Liebes tun können, wenn Sie jetzt anscheinend keine Geschenke mehr kaufen sollen.

Aber, liebe Großmutter, legen Sie wirklich Wert darauf, zur Unterscheidung von der anderen Großmutter Diddloma zu heißen, weil Sie sich haben breitschlagen lassen, auch noch das 27. Exemplar der Diddlmaus zu kaufen?

Lieber Großvater, es wäre wirklich schade, wenn Ihnen jetzt, aus lauter Verzweiflung, bloß noch bliebe, statt einem neuen Matchbox-Auto dem Enkelchen Geld in die Hand zu drücken!

Schenken Sie Ihren Enkeln stattdessen Zeit!

Zeit, um ganz in Ruhe **mit** (!) dem Kind einen Kuchen zu backen.

Zeit, von früher zu erzählen, als Sie noch ein Kind waren und dann, als der Vater noch eines war und wie es dann war, als das Kind selbst noch ganz klein war.

Zeit, um ein gemütliches Teestündchen zu haben mit Vorlesen und Kuscheln.

Zeit, um alle Lieder zu singen, die Sie noch aus der eigenen Kindheit kennen, oder mit den eigenen Kindern gesungen haben.

Zeit, Gedichte zu lesen und selbst zu dichten.

Zeit für Spaziergänge ohne Ziel, in dem Tempo, das das Kind braucht, um das schöne Schneckenhäuschen zu entdecken oder den Stein mit den kostbaren goldenen Punkten.

Zeit, den Gang der Raupe mit dem des Regenwurms vergleichen zu können.

Zeit, um ihm zu helfen, eine Tasche für die Puppe ganz allein zu nähen.

Zeit, sein Fahrrad zusammen mit ihm zu reparieren.

Zeit, einen echten Heißluftballon aus Papier zu bauen.

Schenken Sie ihm Geduld!

Geduld, um die schrecklich fitzlige Klebearbeit für die Martinslaterne zu unterstützen.

Geduld, dem Kind das Stricken beizubringen, weil das Strickzeug in den heißen Kinderhänden so schlecht rutschen will.

Geduld, Straße um Straße nach Sperrmüll abzusuchen, um die richtigen Räder (gute Kinderwagenräder müssen es sein!) für die zu bauende Seifenkiste zu finden.

Geduld, den Schmetterling zu beobachten, der sich aus der Puppe löst.

Geduld, gemeinsam den aus dem Nest gefallenen Vogel aufzupäppeln.

Geduld, das selbst erdachte Theaterstück oder die Zirkusvorführung des Kindes bis zu Ende anzugucken.

Schenken Sie ihm Ihr Wissen und Ihre eigene Wissbegierde!

Zeigen Sie ihm, woran man erkennt, dass der Apfel mit der Rose verwandt ist.

Zeigen Sie ihm am Abendhimmel die drei, vier Sternbilder, die sie selbst kennen und teilen Sie mit ihm die Andacht vor so viel Schönheit.

Zeigen Sie ihm auf Ihren Spaziergängen, was man in der Natur an Essbarem finden kann und kochen Sie köstliche Bärlauch- oder Sauerampfersuppen.

Knacken Sie die gefundenen Nüsse oder Bucheckern und essen Sie sich satt an selbstgepflückten Brombeeren.

Schnitzen Sie für es oder mit ihm eine Weidenflöte.

Gehen Sie gemeinsam auf Kaulquappensuche und sorgen Sie für eine Lebensgrundlage, damit diese sich zu Fröschen entwickeln können.

Backen Sie Holunderpfannkuchen.

Machen Sie es nach und nach mit all den geheimnisvollen Gerüchen in Ihrer Küche bekannt.

Zeigen Sie ihm all die guten Sachen, die man nicht tiefgefroren kaufen kann.

Schenken Sie ihm ein kleines Stückchen Erde in Ihrem Garten, wo es säen kann und begreifen lernt, dass die Möhren nicht in der Dose orange werden.

Schenken Sie ihm ein Eckchen in Ihrem Haus mit Werkzeug, Nägeln, Leim und Holz, wo es raspeln, sägen und hämmern darf, was sein Erfindergeist ihm eingibt.

Schenken Sie ihm eine Kiste, in dem es alle die mit Ihnen gefundenen Schätze aufbewahren darf.

Schenken Sie ihm eine einfache Puppe, die Sie selbst genäht haben, oder helfen Sie dem Kind, selbst eine zu nähen.

Schenken Sie ihm ein Buch, in dem Sie Ihre wichtigen Beobachtungen und Erkenntnisse gemeinsam notieren, hineinkleben oder malen.

Wecken Sie Aufmerksamkeit, beobachten Sie zusammen und staunen Sie gemeinsam mit dem Kind, aber erklären Sie nicht zu viel. Das hat später noch Zeit. Lassen Sie den Dingen ihr Geheimnis.

Erfinden Sie ohne Ende Geschichten, in denen das Kind vorkommt.

Und erfinden Sie welche mit dem Kind zusammen.

Machen Sie einfache Pappmaché-Handpuppen, mit denen das Kind in jede Rolle schlüpfen kann, die es will.

Ich weiß, lieber Großvater, liebe Großmutter, Sie gehören wahrscheinlich nicht zu der vom Aussterben bedrohten Spezies Mensch, der noch alle Sinne beieinander hat und trotzdem nicht permanent arbeitet. Sie halten meine Vorschläge gar für romantischen Müll?

Sie haben keine Ahnung, wo Sie die Zeit dazu hernehmen sollen und einen Garten haben Sie auch nicht?

Aber ein, zwei Großelternstündchen können Sie sich doch ab und zu mal einrichten und vielleicht nehmen Sie sich mal das eine oder andere vor, wozu Sie selber auch Lust haben. Oder Sie denken sich was ganz anderes aus.

Exkurs: Die Suche nach Grenzerfahrung

Weshalb das Spiel dem Drogenkonsum entgegenwirkt

Unsere Sinne sind überbeansprucht. Schon der Säugling ist von der Sinnesüberreizung durch seine Umwelt kaum zu verschonen. Wir müssen immer mehr Willensanstrengung einsetzen, um die Reizüberflutung einigermaßen einzudämmen.

Diese Reizüberflutung bedingt, dass wir fortwährend Dinge, die in unser Bewusstsein treten, ausklammern müssen, um unsere Gesundheit nicht zu gefährden. Anderenfalls würden wir dadurch überwältigt werden.

Die Folge davon ist allerdings, dass wir im Laufe der Zeit immer weniger leicht beeindruckbar sind. Wir werden entweder betäubt oder abgestumpft. Wir können nicht alle Informationen, die wir, beispielsweise über das Fernsehen, erhalten, verarbeiten. Nur brauchen wir dann aber umso stärkere Reize, wenn uns überhaupt noch etwas beeindrucken soll.

Mit der Geschwindigkeit, durch die ein Eindruck auf den anderen folgt, verlieren wir auch die Muße, Dinge in Ruhe auf uns wirken zu lassen. Wir werden durch die vielen Eindrücke nicht reicher, sondern eher ärmer, weil sie nämlich keinen „Eindruck" (im wahrsten Sinne des Wortes) mehr hinterlassen. Unser Erleben bleibt flüchtig, weniger einprägsam und weniger bedeutsam.

Die Sehnsucht nach Eindrücken ist aber stark. Wenn Kinder groß geworden sind mit Erlebnissen aus 2. Hand und wenig Erlebnisse haben konnten, wie sie in diesem Buch als wünschenswert geschildert wurden, nicht nur im Sinne von Mutproben, Bandenbildung und Abenteuerlagern, sondern auch ganz allgemein durch vielfältige, tief greifende Sinneserlebnisse, wird der Wunsch irgendwann übermächtig, sich echte, starke Sinneserlebnisse zu verschaffen.

Die Pseudo-Erlebnisse, die die Medien vermitteln, reichen dann nicht mehr aus. Als Jugendliche suchen sie dann entweder die reale Gefahr, etwa beim Geisterfahren, beim U-Bahn-Surfen, Bungee-Jumping oder dergleichen oder sie hoffen, durch den Konsum von Drogen endlich den Kick zu erhalten, nach dem sie sich sehnen. Sich selbst zu spüren ist ihnen genauso wichtig wie die Welt in der Farbigkeit zu erleben, die es anscheinend nur in der Eiscreme-Werbung gibt.

„Auch Seele und Geist wollen ernährt sein; sie brauchen den Austausch mit der Welt so notwendig wie der Körper den Atem, und wenn sie aus der Sinneswahrnehmung keinerlei Anregung und Erfrischung mehr gewinnen können, dann droht das innere Leben zu ersticken, der Mensch kann nicht mehr Mensch sein. Dagegen wehrt sich aber das gesunde Lebensgefühl, und wie in einem Gegenschlag bricht mit elementarer Gewalt das Verlangen hervor, möglichst überwältigende Eindrücke zu haben, starke Impressionen, die unter die Haut gehen und das verglimmende Seelenfeuer zu neuer Glut entfachen."[89]

Starke Erlebnisse werden gesucht, und da das Erwachen nach dem Drogenkonsum umso erbitterter in die fade Wirklichkeit zurückstößt, wird erneuter Konsum nötig. Die Suche oder die Sehnsucht wird zur Sucht.

Nach Studien der Weltgesundheitsorganisation (WHO) müssen wir bei 15 % der Kinder und Jugendlichen zwischen 12 und 18 Jahren mit krankhaften Formen des Drogenkonsums rechnen. Dabei ist nicht die hohe Zahl der oben beschriebenen riskanten Verhaltensweisen z.B. im Straßenverkehr berücksichtigt. Der neueste Trend geriet kürzlich in die Medien und damit ins Bewusstsein durch den Tod eines Jugendlichen in Berlin: Das Koma-Trinken. „Trinken bis der Notarzt kommt" scheint momentan die neueste Mutprobe zu sein. Schon 2003 gaben bei einer Befragung von 15- bis 16jährigen Schüler 40 % an, sich mindestens einmal im Monat zu betrinken, 300 Jugendliche mit Alkoholvergiftung pro Jahr verzeichnet die Statistik in Berlin. Das Einstiegsalter für Alkohol liegt heute bei elfeinhalb Jahren.[90]

Wenn Kinder um reiche Sinneserlebnisse – im Sinne von Qualität, nicht von Quantität – betrogen werden, werden sie später aus einem natürlichen, menschlichen Hunger danach nach solchen suchen. Wenn sie Surrogate gewöhnt sind, werden sie wieder nach solchen greifen. Wollen wir die Jugendlichen vor dieser Flucht in Scheinwirklichkeiten bewahren, müssen wir rechtzeitig dafür Sorge tragen, dass sie als Kinder echte, vielfältige Erfahrungen mit sich, mit anderen und mit der Welt machen können.

---

[89] R. Patzlaff, Medienmagie, S.94
[90] Quelle: Süddeutsche Zeitung vom 19.6.07

Volo, ut sis.
Ich will, dass du seiest.

Augustinus

Schlussbetrachtung

Die Befürchtung, dass Medienkinder seelisch zu verarmen und zu verwahrlosen drohen, ist nicht von der Hand zu weisen. Dass aber fast alle mediengewohnten Kinder (bei bereits mediengeschädigten Kindern sieht das heute sicher anders aus) – sofern man ihnen die Gelegenheit dazu gibt – mit großem Interesse und Begeisterung am Wasser, im Wald, im Heu oder an Matschlöchern selbstvergessen stundenlang spielen können, ohne je ihren Computer zu vermissen, habe ich bei vielen Gelegenheiten, seien es Ferienlager, Höhlenübernachtungswochenenden oder Waldnachmittage, beobachten können.

Das Gleiche gilt auch für wettbewerbsorientierte Aktivitäten. Einmal im Ferienlager angekommen, wenden sich Kinder – und ich spreche hier von Kindern bis mindestens 12 Jahren – konstruktiven Spielen zu, sie spielen miteinander statt gegeneinander, auch altersgemischt, sie machen Erkundungs- und Rollenspiele. Spielsachen brauchen sie nicht, höchstens ein Taschenmesser oder ein bisschen Schnur. Ungezieltes Toben findet hier nicht statt. Toben scheint immer nur den Ausgleich zu schaffen nach langem Stillsitzen, sei es in den Schulen in den Hofpausen oder zu Hause nach langem Medienkonsum.

Viele Spielsachen brauchen Kinder nur als Prestigeobjekte. Sie wollen damit die anderen übertrumpfen oder zumindest mit ihnen mithalten können. Das bedingt einen Zwang zum Konsum, der möglicherweise noch ihr ganzes Erwachsenenleben anhalten wird. Später sind es die Markenklamotten oder das neueste Automodell. Das Selbstwertgefühl ist dann von Besitz abhängig.

Umfragen haben gezeigt, dass sich Eltern für ihre Kinder in erster Linie Glück und Zufriedenheit wünschen und dass der Wunsch, sich möglichst viel leisten zu können, eher drittrangig ist.

Lassen wir uns nicht einreden, in einer Spaß- und Konsumgesellschaft zu leben, die von Konsum abhängig ist und die sich über Besitz definiert. „Ich bin, was ich habe und was ich konsumiere". Erich Fromm hat dagegen in seinem berühmten Buch „Haben oder Sein" das „Sein" definiert als Lebendigkeit und Bezogenheit zur Welt.

Wenn Fromm die beiden Seinsweisen anspricht, macht er darauf aufmerksam, dass die grundsätzliche Haltung des Seins sich nicht nur auf unsere Konsumentenhaltung bezüglich materieller Güter auswirkt, sondern in unser ganzes Leben eingreift. Heißt das nicht, wir konsumieren Landschaften (wie viele Touristen genießen nicht mehr die Gegenden, die sie bereisen oder setzen sich mit ihnen und deren Bewohnern auseinander, sondern betrachten alles nur noch durch die Linse ihrer Videokamera), wir konsumieren Fakten und Daten, indem wir sie abspeichern (erinnern dagegen ist ein aktiver Vorgang und mit Interesse verbunden), wir konsumieren letztendlich dann auch Menschen, indem wir uns ihrer bedienen, solange wir sie brauchen.

Sein hat etwas mit Aktivität, mit Hinwendung zum anderen Menschen zu tun, mit der Verantwortung für ihn, mit Fantasie und Kreativität …und mit Glück.

Ich glaube, dass heute eine Wende eintreten wird oder bereits eingetreten ist, weil wir auf Grund der schwieriger werdenden sozialen Situation umdenken müssen. Der Konsum steht uns nicht mehr in gleichem Maße zur Verfügung wie vor Jahren. Vielleicht liegt darin die Chance, unser Leben grundsätzlich mehr zum Sein hinzuwenden.

Wir können einen solchen Prozess bei der Erziehung unserer Kinder einleiten.

Das heißt, wir haben dafür zu sorgen, dass unsere Kinder selbstbewusste Menschen werden, die über ihr Leben und ihre Zukunft selbst bestimmen, die bei Niederlagen kreative Lösungen zu finden im Stande sind, die ihre Bedürfnisse und Wünsche kennen und artikulieren können, die geübt sind, mit ihren Mitmenschen in gegenseitiger Achtung und trotz anderer Lebensentwürfe harmonisch zusammen leben und arbeiten zu können, die gelernt haben zu streiten und Einigung zu erzielen, die ihr Tun als sinnvoll erlebt haben und dort, wo der Arbeitsplatz nicht genügend Raum zur eigenen Entfaltung lässt, die Dinge zu ändern bestrebt sind, oder an anderer Stelle, bei der Freizeitgestaltung oder innerhalb der Familie Erfüllung zu finden.

Indem wir den Kindern Achtung entgegenbringen, indem wir ihr Tun als Welteroberer unterstützen, indem wir ihnen vielfältiges Lernen durch Spiel ermöglichen, schaffen wir die bestmögliche Voraussetzung, ihnen zu Glück und Zufriedenheit zu verhelfen, wir bereiten ihnen den Weg, Mitgefühl für ihre Mitmenschen zu entwickeln und gemeinsam mit ihnen einer besseren Zukunft entgegenzuarbeiten.

Dieses Buch ist keine wissenschaftliche Arbeit. Längst sind nicht alle Aspekte des Spiels beleuchtet worden. Ich habe ausgesucht, akzentuiert und pointiert. Spielpädagogische Betrachtungen von kompetenten Autoren gibt es in vielfältiger Form und Ausführlichkeit (im Literaturverzeichnis finden Sie einige wesentliche davon).

Mir war nicht daran gelegen, meine „freischwebende Aufmerksamkeit" auf alle Spielformen zu lenken, sondern daran, Stellung zu beziehen und die Aufmerksamkeit vor allem auf eine wesentliche Form des Spiels zu lenken, die mir von verschiedenen Seiten bedroht zu sein scheint: **das freie Spiel.**

Das freie Spiel, oft nicht genügend gewürdigt und unterschätzt zugunsten von Spielen, die scheinbar besser geeignet erscheinen, Lerndefizite ausgleichen, die die Kinder besser auf die Schule und das Leben vorbereiten sollen, von Spielen, die mit weniger Geräusch und weniger Schmutz verbunden sind, aber nur halb so viel Freude machen. Ich möchte das freie Spiel in die Waagschale legen gegen Spiele, die vom Nützlichkeitsdenken leistungsorientierter Pädagogen, vor allem aber vom Profitdenken der Industrie bestimmt sind.

Ich möchte die Freude der Kinder am fantasiegetragenen, kreativen Spiel, das meist den Einsatz sowohl ihres ganzen Körpers als auch aller ihrer Sinne und ihrer differenzierten Gefühlswelt braucht, gewürdigt wissen, ebenso wie ich die lebensnotwendige Verarbeitung der Tag für Tag auf sie einstürmenden Eindrücke durch das Spiel wieder ins Bewusstsein rücken möchte.

Wenn Eltern zufrieden dem zeitvergessenden, konzentrierten Spiel ihrer Kinder ohne schlechtes Gewissen zusehen, weil sie wissen, dass diese ihre Zeit gar nicht besser verbringen können und damit im Wesentlichen alles tun, was ihnen für ihre Entwicklung förderlich ist und sie darauf vorbereitet, auch noch im Erwachsenenleben Erfüllung zu finden, so ist dieses Ziel erfüllt.

Literatur:

Ahrens, Stephan: Lehrbuch der psychotherapeutischen Medizin, Stuttgart 1997
Ariès, Phillippe: Geschichte der Kindheit, München 1981
Bally, Gustav: Vom Spielraum der Freiheit, Stuttgart 1966
Bettelheim, Bruno: Ein Leben für Kinder, München 1987
Bettelheim, Bruno: Kinder brauchen Märchen, München 1999
Bieber-Delfosse, Gabrielle: Kinder der Werbung. Die Einflüsse der Mediengesellschaft auf das Aufwachsen der Kinder, Zürich 1999
Brook, Peter: Das offene Geheimnis, Frankfurt am Main 1994
Brougère, Gilles : Jouets et compagnie, Paris, 1995
Cechov, Michael A.: Die Kunst des Schauspielers, Stuttgart 1990
Coles, Robert: Kinder brauchen Werte, Hamburg 2001
Cordes, Colleen/ Miller, Edward: Die pädagogische Illusion, Stuttgart 2002
Csikszentmihalyi, Mihaly: Das Flow-Erlebnis, Stuttgart, 1985
Deutsches Kinderhilfswerk e.V. (Hrsg.): Spielend leben lernen, Berlin 2007
Daublebsky, Benita: Spielen in der Schule, Stuttgart 1973
Dürckheim, Karlfried, Graf v.: Durchbruch zum Wesen, Bern 1972
Eicke, U.: Die Werbelawine, München 1991
Egli, Hans: Entwicklungsräume, Luzern 2004
Elschenbroich, Donata: Weltwissen der Siebenjährigen, München 2001
Erikson, Erik H.: Identität und Lebenszyklus, Frankfurt a.M. 1976
Figge, Peter AW: Lernen durch Spielen, Heidelberg 1975
Flitner, Andreas: Das Kinderspiel, München 1973
Flitner, Andreas: Spielen-Lernen, Weinheim und Basel 2002
Flitner, Andreas: Konrad, sprach die Frau Mama…, München 2000
Freud, Sigmund: Hemmung, Symptom und Angst. Gesammelte Schriften, Band XI, Frankfurt 1992
Fromm, Erich: Haben oder Sein, München 1979
Furedi, Frank: Warum Kinder mutige Eltern brauchen, München 2001
Furth, Hans G.: Piaget für Lehrer, Düsseldorf 1973
Gauda, Gudrun: Theorie und Praxis des therapeutischen Puppenspiels, Norderstedt 2007
Grossmann, Dave: Wer hat unseren Kindern das Töten beigebracht? Stuttgart 2002

Glöckler, Michaela: Macht in der zwischenmenschlichen Beziehung, Stuttgart, Berlin 1997

Goleman, Daniel: Emotionale Intelligenz, München 2004

Goleman, Daniel: Soziale Intelligenz, München 2006

Hentig, Hartmut von: Die Schule neu denken, München Wien 1993

Huizinga, Johan: Homo Ludens, Hamburg 1987

Hüther, Gerald: Wie aus Stress Gefühle werden, Göttingen 2003

Hüther, Gerald / Bonney, Helmut: Neues vom Zappelphilipp, ADS: verstehen, vorbeugen und behandeln, Düsseldorf 2002

Juul, Jesper: Das kompetente Kind, Hamburg 2003

König, Karl: Sinnesentwicklung und Leiberfahrung, Stuttgart 1971

Krause, Siegfried: Darstellendes Spiel, Paderborn 1976

Metzmacher, Petzold, Zaepfel (Hrsg.): Praxis der integrativen Kindertherapie, Paderborn 1996

Metzmacher, Petzold, Zaepfel: Therapeutische Zugänge zu den Erfahrungswelten des Kindes von heute, Paderborn 1996

Miller, Alice: Evas Erwachen, Frankfurt am Main 2001

Mogel, Hans: Psychologie des Kinderspiels, Berlin Heidelberg 1991

Montada, Oerter: Entwicklungspsychologie Weinheim 1998

Oerter, Rolf: Psychologie des Spiels, München 1993

Petzold, Hilarion (Hg.): Puppen und Puppenspiel in der Psychotherapie mit Kindern, Erwachsenen und alten Menschen, München 1983

Piaget, Jean: Das Weltbild des Kindes, Stuttgart 2003

Pikler, Emmi: Lasst mir Zeit, München 1988

Postman, Neil: Das Verschwinden der Kindheit, Frankfurt a.M. 1991

Patzlaff, Rainer: Medienmagie, Stuttgart 1992

Patzlaff, Rainer: Der gefrorene Blick, Stuttgart 2004

Rambert, Madeleine: Das Puppenspiel in der Kinderpsychotherapie, München 1988

Rittelmeyer, Christian: Kindheit in Bedrängnis, Stuttgart 2007

Sanders, Barry: Der Verlust der Sprachkultur, Frankfurt am Main 1995

Scheuerl, Hans: Beiträge zur Theorie des Spiels, Weinheim 1969

Schiller, Friedrich: Über die ästhetische Erziehung des Menschen, Stuttgart 1989

Schuberth, Ernst: Erziehung in einer Computergesellschaft, Stuttgart 1990

Spörri-Hessenbruch, Gisela: Schau- und Spiel- Kunst, Bietigheim 1984

Steiner, Rudolf: Die Philosophie der Freiheit, Dornach 1962

Stoll, Clifford: LogOut, Frankfurt, 2002
Sutton-Smith: Die Dialektik des Spiels, Schorndorf 1978
Wais, Mathias: Kindheit und Jugend heute, Stuttgart, Berlin 2000
Welsch, Wolfgang: Ästhetisches Denken, Stuttgart 1990
Wild, Rebecca: Lebensqualität für Kinder und andere Menschen, Weinheim 2001
Winnicott, D.W.: Vom Spiel zur Kreativität, Donauwörth 1992
Winterhoff-Spurck, Peter: Kalte Herzen, Stuttgart 2005
Zur Lippe, Rudolf: Sinnenbewusstsein, Hamburg 1987

Wenn Sie uns Ihre Adresse mitteilen, informieren wir Sie regelmäßig über Neuerscheinungen.
Dieses Buch erhalten Sie – wie alle anderen aus unserem Verlag – im Buchhandel oder porto- und verpackungsfrei unter folgender Adresse:

dohrmannVerlag.berlin
Ringstr. 78
12205 Berlin
Tel.: 030 – 8336441
Fax: 030 – 80409890
E-Mail: info@dohrmann-verlag.de
Weitere Informationen unter: www.dohrmann-verlag.de